2022년《전원에서》18집

-2003년 이래

아무것도 하기 싫은 날

전원에서
문학동인

Daum카페 전원에서
or 전원카페 suburbsbihor

머리글

대전 지하철역 스크린 도어 광고물

금년은 이 말을 꼭 해야겠다.

인구로 대전과 비슷한 도시가 르네상스의 본고장 피렌체이다. 광역시 인구로 백만 정도이다. 일본의 가장 역사적인 도시 교토는 140만 정도이다. 뮌헨의 인구는 2021년 조사에 의하면 140만이다. 우리 대전도 백삼사십만이 된다.

보스턴은 육칠십 만에 불과하다

세계 유수의 도시들과 인구를 비교한 것은 대전이 작은 도시가 아니라는 점을 밝히고 싶어서 이다.

대전은 우리나라 6대 광역시에 들어간다. 부산, 인천, 대구, 광주, 대전, 울산이다.

대전은 과학도시이다. 그런데 유감스럽게도 대전이 문화의 도시라는 말은 없다.

그 이유가 무엇인가?

대전역은 대전의 관문이다. 역사는 그런대로 잘 지어놓았다. 그런데 지하철역에 내려가서 스크린 도어를 보면 민망해서 눈을 뜰 수가 없다. 온갖 광고물로 도배를 해놓았다. 병원광고와 약광고가 주이다. 똑같은 광고를 창 위와 양옆까지 서너 장씩 붙여놓았다. 이 점은 바로 대전 시민의 수준을 말해주는 것이 아닐까?

이러니 수치스럽게도 문화의 불모지라는 말이 곧 잘 나온다.

이 어지러운 광고 말고, 보다 좋은 대전을 빛낼 방법은 없을까? 다 같이 고민해봐야할 것 같다.

회장 배인환

차례

초대 문인 작품

〈회원 작품〉

시

시조 시인

수필

초대 문인

시인 최영호

수필가 권예자

수필가 이득주

초대 시

최 영 호 시인

약력

- 1951년 전북 익산 출생
- 2010년 문학사랑 신인상
- 한국문협. 대전문협 회원
- 미령문학상(단편소설) 최우수상 수상
- 대한민국 백제서화 공모전 대상(문인화)
- 전일전 국제 미술상, 국제예술상
- 시집 가버나움 외 4권

- E-mail: cyh0192@daum.net
- Tel: 010-8801-9125

작품

- 눈물 어려 못 가오

눈물 어려 못 가오

시월 최 영 호

남으로 가는 길이 멀으오
그 길에 눈이 내리오
봄이 다 가도록 눈이 내리오

흙내음 맡으며 가는 길이 설레지만
마음 아파서 못 가오
눈물 어려 못 가오

솜털 송송할 때
재워주시던 어머니
아롱아롱 그리워서 못 가오

저 길로 가면
고향 나올 줄 뻔히 알지만
맙소사 나는 못 가오

기가 막혀서 못 가고
꿈 같아서 못 가오

메밀꽃 하얀 웃음
내 가슴 떨려 못 가오

초대 수필

권 예 자 수필가

약력

• 대전출생.

• 등단 수필: 2002년《창작수필》'동전 세 닢', 시: 2004년《문학저널》'구두 한 짝' 외

• 저서: 시 집 『숲이 나를 보고』『비밀 일기장』『가문비나무 기록장』

수필집 『내 안의 피에타』『봄비, 꽃잠 깨다』『수필이 나를 쓴다』

『추억, 빛으로 물들다』

• 수상: 창작수필동인문학상, 원종린수필문학상, 후백황금찬시문학상 외 다수

• E-mail: bombi42@hanmail.net, bombi42@naver.com

작품

• 수필이 나를 쓴다

수필이 나를 쓴다

권예자

사람들은 나를 보고 시와 수필을 쓰는 사람이라고 말한다. 이 말은 맞는 말 같기도 하고 틀린 말 같기도 하다. 냉정히 말하자면 시는 내가 쓰는 것 같은데, 수필은 아무래도 아닌 것 같다. 내 안에 스며있는 나의 사상과 이야기를 쓰는 것이 수필이고 보면 내가 쓰는 것이 맞는데, 이상하게 나중에 보면 수필이 나를 쓴 것 같다.

'수필' 그는 참 고집이 세고 욕심이 많다.

그는 내가 글을 쓰려고 하면 주제를 정했느냐고 묻는다. 이러이러한 주제로 쓸 것이라 하면, 흔해 빠진 주제라 신선하지 못하다. 너무 크거나 작다. 교훈적이고 매력이 없는 주제라고 시작도 못 하게 한다. 소재를 선택할 때도 마찬가지다. 쓰기 쉽고 편안한 것은 진부하다고 탓을 하고, 획기적인 것은 생소하여 독자가 모를 거라며 말린다. 그래서 그의 비위 맞추기가 상당히 힘이 든다.

겨우 글을 쓰기 시작하면, 구성은 어찌할 것이냐고 묻는다. 나는 미리 구성에 신경을 쓰기보다는 일단 생각을 써놓고 나서, 문단을 배열하면서 구성을 완성하는 것이 좋다. 그런데 그는 꼭 구성을 먼저 해야 글이 이리 갔다가 저리로 가지 않는다며 화를 낸다. 하지만 이 일은 내가 그의 뜻을 따르기도 하지만, 내 마음대로 하는 경우가 대부분이다. 나는 틀에 갇히는 것을 싫어하므로 일단은 실험적이라는 것을 염두에 두고 마음대로 펼쳐놓기 시작한다.

문장에 대해서도 그냥 넘기는 법이 없다. 간결체로 쓰면 삭막하다고, 만연체로 하면 답답하다고, 강건체나 건조체는 여자답지 못하다고 한다. 우유체로 쓰면 착한 척해서, 화려체는 가벼우면서 예쁜 척해서 눈꼴이 사납단다. 어조가 강하다. 힘이 없다. 맹탕이다. 그의 맘에 들기 참 어렵다. 나는 속으로 '너 아는 것 많아서 먹고 싶은 것도 많겠다.'라고 눈을 흘기면서도 그의 말을 따르지 않을 수 없다.

나는 글을 이어가기도 어려운데, 그는 시간적, 공간적, 논리적 질서가 안 맞는다고 못을 탕탕 박고, 어떨 땐 시제가 오락가락한다며 거만하게 밑줄을 좍좍 긋는다.

특히 내 신변에 일어났던 일에 관한 내용을 쓸 때는 짜증이 날 만큼 예민하게 물고 늘어진다. '이건 아니다. 그땐 저렇게 했잖아. 왜 자꾸 치졸하게 숨겨? 그건 자기변명이야. 차 떼고 포 떼고 졸만 가지고 장기 둬? 정신 차려! 이건 수필이야.' 한다. 어떨 때는 너무 속이 상해서 며칠씩 접어두기도 하지만, 결국은 그와 타협을 하고 질질 끌려가기 다반사다.

사물을 묘사하는 부분도 의견일치는 어렵다. 나는 본 대로 느낀 대로 표현을 하는데, 그는 직설적 설명보다는 암시적 비유적인 묘사를 해야 글의 품격이 높아지는 것이라며 탓을 한다. 내가 아니라고 우기면 주제넘게 기초 공부를 제대로 하지 않고 쓰기부터 시작해서 그 모양이란다. 제발 책을 많이 읽고 공부 좀 하라며 그러지 않아도 아픈 상처에 소금을 팍팍 뿌린다.

아무튼, 이런저런 우여곡절 끝에 초고를 써 놓으면 이번에는 제목이 글의 전체 내용과 맞지 않는다고 꼬집는다. 그뿐인가. 서두와 말미가 연결이 안 되는 것이 꼭 갓 쓰고 자전거 탄 것처럼 꼴불견이란다. 또 처음에 시작한 주제와는 글이 달라져서 배가 산으로 올라갔다고 호통을 치며 돌아서기도 한다.

그래도 나는 아직 구성에 대하여는 양보하지 않으므로 문단을 앞으로 넣었다, 뒤로 뺐다, 바꾸었다, 하면서 글 줄기가 잘 흐르도록 하려고 노력한다. 시간의 액자에 들어갔다 나오기도 하고, 순차적으로 또는 역순으로 사건을 끌고 가기도 한다. 새로운 시도로 꽃차 석 잔 마시는 시간과 그에 관한 수필 한 편을 읽는 시간을 맞추어도 보았다. 또 무생물이 수필을 쓰도록 인격을 부여해 보기도 한다.

내 딴에는 그에게 끌려가지 않고 내 뜻대로 새롭게 써보려고 이것저것 시도했어도, 나중에 보면 결국 수필, 그의 손바닥 안에서 놀았을 뿐이다. 이런 상태이고 보면 내가 수필을 쓰는 것이 아니고, 수필이 제 방법대로 나를 쓴 것이 아니고 무엇이겠는가?

내가 출간한 두 권의 수필집을 읽어봐도 그렇다. 그 안에는 내보이고 싶지 않은 이야기도 버젓이 나와 있고, 아무도 몰래 한밤중에 꾼 꿈 이야기까지 나와서 나를 민망하게 한다. 도대체 그것들이 다 내가 쓴 것일까? 만약 내가 썼다면 우리 둘의 기 싸움에 그가 승리했기 때문일 것이다. 이렇게 수필은 제 방법대로 제가 정한 틀 안에 나를 가두고 써 내려간다.

하지만 오늘은 좀 다를 것이다. 그가 잔소리할 틈을 주지 않고 그의 틀 밖에서 빠르고 날카롭게 내가 그를 쓰는 중이니까.

'…….'

그런데 왜 이렇게 조용하지? 그는 아마도 결정적인 순간에 턱 하니 발을 걸어 나를 넘어뜨리려고 자료를 수집하고 있는 모양이다. 그래, 아직 '퇴고'라는 한 단계가 남아 있으니 끝난 싸움은 아니다. 퇴고와 퇴고의 사이사이에 그가 끼어들지 못하도록 오늘은 나도 철저히 준비해야겠다. 수필, 그가 나를 쓴다? 아니다. 내가 그를 쓴다. 오늘만은.

이런 주도권 다툼 속에서도 나는 그의 곁을 떠나지 못한다.

수필, 그는 메마른 듯 촉촉하고 모난 듯 둥그렇다. 가벼운 듯 무겁다. 쇠처럼 강하다 싶으면 물처럼 부드럽고 얼음처럼 차갑다가도 봄볕처럼 따스하다. 말은 비록 짧으나 그 뜻은 깊어 늘 감동과 여운을 끌어낸다. 오만한 듯 겸손한 그의 매력은 어디가 끝인지 알 수 없다. 그래서 나는 수필, 그를 사랑한다.

초대 수필

이 득 주 수필가

약력

- 『한국수필』 등단(2019)
- 한국문인협회,
- 대전문인협회,
- 한국수필가협회 회원,
- 대전수필 문학회 사무국장(현).
- 『대전문학』 신인상(2019)
- 『한국수필』 독서문학상 대상 수상(2019)
- E-mail: leejoo1226@daum.net
- Tel: 010-5531-1383

작품

- 만물

맏물

이득주

지주목을 세우고 포기 사이에 요소비료를 한 숟가락씩 넣어 주면 고추 모는 무럭무럭 잘 자란다. 모든 식물은 햇볕을 먹으며 성장한다. 온기를 먹고 달려온 바람은 가끔 반가운 소나기도 안고 달려올 것이다.

방아다리에 첫 열매가 달리기 시작한다. 포기마다 한 개씩 자랑스럽게 달고 나와 그동안 잘 키워주어 고맙다고 인사하는 것만 같다. 어머니는 연둣빛 고추가 땅을 내려다보며 다소곳이 달린 모습을 보곤 흐뭇해했다. 그러던 어느 날 방아다리에 달린 고추를 모조리 따라고 한다. "어머니! 익지도 않은 첫 열매를 왜! 다 따요" 나의 물음에 그걸 놔두면 영양분이 거기로 몰려서 고추가 덜 달린다고 알려 주었다.

고추 줄기에 처음 열리는 고추를 '맏물'이라고 했다. 맏물은 크기도 작고 모양도 그리 예쁘지 않다. 주름이 잡히고 기형인 것도 있다. 많은 열매가 달리다 보면 이렇게 작고 얼굴도 못생긴 열매가 하나씩 생기는 법이다. 누군가는 감당해야 할 몫이다. 맏물은 이렇게 태어나면서부터 본의 아니게 차별 대우를 받게 된다. 하지만 맏물이 없으면 둘째도, 셋째도 나올 수 없는 게 아닌가.

어렸을 적 일이다. 초등학교에 다니던 여동생이 '일본뇌염'에 걸렸다. 병원이 별로 없었던 시절, 부모님은 침쟁이 노인을 찾아다니며 침을 맞혔다. 온 동네에 비상이 걸렸고 사망한 아이가 생길 정도로 무서운 병이었다. 사경을 헤매던 여동생은 부모님의 정성으로 두 달 만에 간신히 살아났다.

그러던 어느 날, 집 앞에서 힘없이 쓰러져 병원 신세를 지기 시작하더니, 지금껏 육십이 다 되어 가도록 집에 오지 못하고 정신 보호시설에 머물고 있다. 맏물 고추가 못 생기고 기형이듯 집안에 여러 형제가 태어나다 보면 허약하고 부족한 사람도 있게 마련이다. 여동생도 그중에 한 사람이다.

정신 시설에서 오랫동안 생활해 온 여동생은 최근 상태가 조금 나아져, 한 달에 한 번 특별휴가를 나와 혼자 계신 어머니를 돌본다. 다른 형제들은 맞벌이와 자식 뒷바라지에 소홀할 수밖에 없다. 나부터도 직장을 핑계로 자주 시골에 가지 못했다. 하지만 여동생은 가진 것 하나 없이 시설에서 평생을 살고 있지만, 기쁜 마음으로 일주일씩 머물며 식사도 챙겨드리고 교회도 같이 다녀오고 정성을 다한다. "못생긴 자식이 효도한다"라는 말이 있다. 몸도 마음도 온전(穩全)치 못해 자기 앞가림도 제대로 못 하는 여동생이 구순의 어머니를 끔찍이 챙기고 있다.

피붙이 자식 하나 없는 여동생이 내년이면 육십이 된다. 나를 졸졸 따라다니며 재롱부리던 시절이 엊그제 같건만 가엾이 나이를 먹어 간다. 맏물 같기만 한 여동생을 면회하고 올 때면 운전대에 한없이 눈물을 흘렸다. 삶이 무언지. 부모님을 도와서 어떻게든 병을 고쳐 주었어야 했는데, 나 살기 어렵다고 손을 써 주지 못했다. 그런데도 형제들을 위해 맏물이 되어 준 동생을 보면 늘 죄인 같아 미안하다.

여동생은 평생 시설에 머물며 밀려오는 그리움을 어찌 잊고 살았을까. 그리운 고향, 그리운 친구가 생각나면 멍하니 고향 하늘만 쳐다보았겠지. 저를 이곳에 보낸 부모와 오빠를 얼마나 원망했을까. 생각만 해도 가슴이 아리다. 그러나 여동생은 한 번도 자신의 처지를 원망하지 않았다. 오히려 병치레하는 어머니 걱정만 하고 있다.

맏물 고추는 빨간 가을을 만나지도 못한다. 욕심 없이 자기 일에만 최선을 다한다. 매운맛이 어느 정도인지도 모른다. 첫 열매로 나와 자리만 펴 놓고 간다. 하지만 누군가는 맏물이 되어야 크고, 두껍고, 매운 고추가 나올 수 있지 않은가. 평온한 세상은 맏물 같은 사람들이 있기에 돌고 돌아간다. 이제껏 내 안의 삶만 붙잡고 연연하며 산 세월이 그저 부끄럽기만 하다.

회원 작품

《시인》

서문 완　안병석　배인환　양태의　문정희　유수화

민중기　이향순　황은경　정상순　최영호

《회원-시조시인》

나요당　김동민

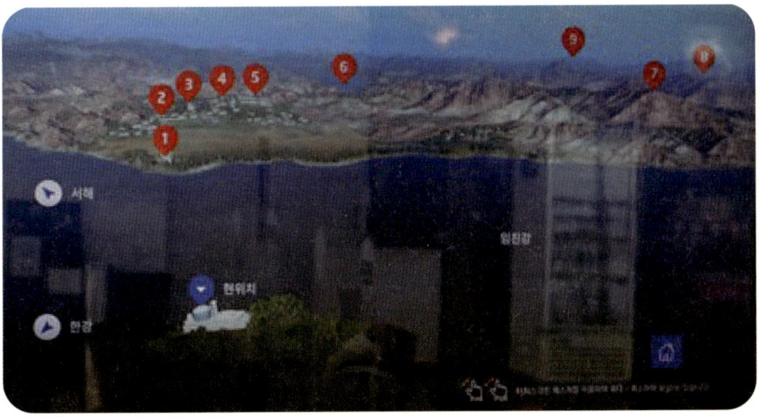

회원 작품

서 문 완 시인

약력

- 충남 금산 출생
- 《전원에서》문학 활동
- 2018년《다시올문학》 신인상
- 시집 『샘물처럼』
- E-mail: smwan39@naver.com

작품

- 님아 • 그 이름 • 봄맞이 • 금낭초 • 봄나들이
- 숲길에서 • 꽃무릇 • 가을 사랑 • 나 • 가로수

님아

내 삶의 공간
거실 한 벽면에

그림을
그렸습니다

동그랗게 하나
찬란한 빛으로

낮에는 해
밤에는 달이랍니다

낮엔 해처럼
밤엔 달처럼

오늘을
살기 원하여

님아

그 이름

하루 사이
달라진 이름

겨울바람 한 밤 자고
봄바람이라네

산 넘어 물 건너
산천을 누비며

만상을 살펴오는
봄바람 꽃바람

얼었던 마음
살며시 안아주는
그 이름

봄맞이

이른 아침
이른 아침에

서둘러
서둘러 가자

동산
꽃동산에

봄맞이
봄맞이 가자

내 사랑
그리운 사랑아

봄까치꽃
초롱인다

금낭초

봄
바람이 붑니다
만물이 살아옵니다

싹 트고
움틔워
청순한 생명으로
산사
돌담 허리
틈새마다
새순 얼굴
새록새록

내 마음을
성큼
불러갑니다

봄나들이

살아온 세월
봄나들이
꽃구경
벌 나비
어울림
아름다웠는데

세상 변하여
꽃만 활짝
벌 나비
어디 갔나
보이지 않아

화폭에
꽃 그림만
그립니다
봄꽃 송이송이
그려봅니다

숲길에서

한여름
명산
깊은 계곡
산새
뭇 새의 경연에
맴맴
매미의 협연이다
여름 한 철
새와 매미
어울림 메아리가
더위를 날린다
이 순간
이곳이 낙원
삼복에
머물고 싶은
곳 입니다

꽃무릇

은구비 두루봉
솔숲에

군락 이룬 석산
가을 한철 보았는데

살다 간 그 자리
상사초
새 삶을 누립니다

한겨울 초록으로
월동하는 생명

꽃바람 봄날에
네 모습 맞으리라

가을 사랑

강물은 유유히
드높은 하늘
구름도 흐름이여
바람은 갈잎을 스치고
들꽃은 한들한들

둔치
물빛누리길
걷고 있는
내 마음은
춤추는 나빌레라

갖은 시름
단풍에 실어
평안을 누림이여
흰 구름
강물처럼

나

나
나는
지금
어디쯤에
있을까

걷고
뛰고
달려왔으니
종점은
분명
가까이 있으리라

내 인생
봄여름
가을 지났으니
머지않아
눈송이 되어

나는
가리라

가로수

나 어렸을 때
자동차가 다니던 길
신작로라고 했다

그 시절
가로수는
미루나무

젊은 날엔
벚나무
꽃길을 걸었다

세월 가고 변하여
소나무
가로수길 걷는다

하얀 겨울
상록수
솔 아래 넓은 길

회원 작품

안 병 석 시인

약력

- 경남 함안 출생
- 《전원에서》문학 활동
- 2018년《다시올문학》 신인상
- E-mail: ahnbs3390@daum.net

작품

• 지심도에는 • 우리 편 • 아무것도 하기 싫은 날 • 목련 • 게발선인장꽃
• 시인 • 시간II • 상흔 • 이종異種 다람쥐 • 가을이 오면

지심도에는

한가하던 선착장
덩그러니 빈 그물은
배부른 꿈을 꾸었고요

언덕배기 의자는
나그네, 숨 한번 돌리고 간 후
봄소식 받았다네요

절벽 위 덤불에도
지친 날개들 접었다 가고
파도 소리 따라와 잠든다 했는데

성급했던 꽃봉오리
동백 숲 바람길로 뒷짐 지고 걷다가
추위에 멍든 채 아우성만 쳤다지요

우리 편

호숫가 노부부
어제 친 그물에

참붕어가 가득하길
용왕님께 빌었답니다

이른 아침
몇 마리 잡혔는데

이를 두고
어부도 물고기도 서로

용왕님은
우리 편

아무것도 하기 싫은 날

강아지 어미 품 파고들 듯
따스한 볕
깊숙이 마루를 파고들던 날

소파에 기댔다기보다는 차라리
누웠다고 하는 편이 나을 듯한 자세로
멀뚱멀뚱

진하지 않은 갈색의 향기마저
게으르게도 식어가던
아무것도 하기 싫은 날

아무렇게나
벗어 놓은 옷처럼
널브러져 있었네요

목련

냉기 가시지 않은 새벽길
은빛 털 외투 차림에
봉곳하니 가슴 내밀고

눈도 아니면서 눈송이를
목화도 아닌 것이 목화꽃을
안고 이고 동강冬江을 건넌다

"말해 보라, 당신의 계획이 무엇인지
당신의 하나뿐인 이 야생의 소중한 삶을 걸고
당신이 하려는 것이 무엇인지"*

누군가의 물음에

이루어질 수 없는 사랑…
그냥 들을 뿐
오늘도 겨울 강을 건너며 배시시

---

* Mary Oliver(1935~2019)의 〈여름날〉

게발선인장꽃

나머지를 알아버린 걸까?
급한 마음에 떨궈버린 자국은 본능적 언어
억겁을 담았던 터라 더욱 달콤하였네

극에 달한 정염은 마지막 소임의 징표였으니
가루받이를 위하여!
한 줌 바람이라도 있었으면 활활 타버렸을 텐데

가르쳐 준 이 없는데
너는 죽어도 너희는 죽음의 역류를 타는구나

어떤 술수라도 부렸어야지
모양도 향기도 버리고 바꾸는
묘법을 이미 알고 있던 너였잖아

생애 단 한 번의 기회마저
소용없는 유혹으로 남았으니
차라리 붉지나 말았으면 누가 넌 줄 알았으랴

시인

이것이 저것이고
저것이 이것이라는
알 듯 말듯

이것은 저것 아니고
저것은 이것 아니라
에둘러 말하는

한바탕 놀이에서

그는

그것을 찾아가는
영원한 술래인가?

시간Ⅱ

오로지 이름 하나로
우리 사이에 끼어들어
온갖 간섭을 다 하는구나!

채우고 채웠으나
끝이 되면
언제나 처음처럼 되돌아가게 하고

함께 있으면
누구라도 순응할 수밖에 없게 하던
묘한 마력을 가진 그대

생사 장단의 마법까지 가졌건만
마지막엔
자신마저 사라지게 하였으니

도대체
그댄 누구신가요?

상흔

언제나 아니라고 아니라고 하지만
곳곳에 남아
그때를 증언하는 상흔들[*]

단종斷種된 어느 할아버지의 초상肖像
타국에 버려진 어느 할머니의 모습
강제된 노역의 대가가 그렇다.

무슨 자격으로
그를 빼앗아 가버렸으며
그녀의 운명을 저토록 어긋나게 해버렸을까?

또
무엇 때문에
2세로 하여금 불벼락의 고통을 이어받게 했는가?

망령亡靈들이여
아무리 얕은 잠일지라도
다시는 깨어나지 말지어다

---

* 전재홍 작가의 사진전, 〈제국의 휴먼〉

이종異種 다람쥐

만리장성에서 온 거 땜에
스스로를
우리에 가두고는
아침저녁으로
쳇바퀴를 돌렸는데 그것도

그냥 돌리는 게 아니라, 폭도 계산해 보고
바퀴 수도 헤아리며
얼마를 갔는지를 셈하기도 하는 걸 봐선
이슬 맺힌 풀숲의 알밤 줍던
그 다람쥐는 아닌 것 같더니

이날도 네모 동굴에서
이것저것 벌려놓고
이게 좋을까 저게 맞을까?
굴리고 있던 그는
영락없는 다람쥐였어

가을이 오면

나뭇잎 타 갈색 되면
따라온 그리움 가지가지
마음에 심은 거
여기저기서 부쳐오고

누군가 "잊혀진 계절"을 부를 때쯤
여기저기서
꾹꾹 눌러 담은 정
오고 또 갈 테고

회원 작품

배 인 환 시인

약력

- 1940년 충남 금산 출생
- 1984년 《현대시학》추천완료
- 시집: 『길잡이』 외 7권
- 성균문학상 외 1
- 한국시인협회 회원
- 공간시낭독회 상임시인
- E-mail: jinakbae@gmail.net

작품

- 퓨리처상 사진 전시회 1 • 퓨리처상 사진 전시회 2 • 퓨리처상 사진 전시회 3
- 퓨리처상 사진 전시회 4 • 모나리자 사진촬영 • 운명인가?
- 무제, 사진전 • 죽순 • 바다가 보이는 여관방 • 자작나무

퓨리처상 사진 전시회 1

큰 회랑의 두 곳에 전시된 퓨리처상 사진들
백 사십여 점
대부분이 살육의 현장이었다
큼지막한 역사의 순간들
기아와 고통과 이민자들의 슬픔
전쟁과 짐승의 범죄

코로나19의 시대인데
관객이 줄을 잇고 있다
사진 한 장에 목숨을 건 특파원들
실제로 현장에서 이슬이 된 특파원들이 부지기 수다

이해할 수 없는 욕망
그래서 사진 전시회는 빛을 바란다

퓨리처상 사진 전시회 2

퓨리처상 사진 전시회를 보면
사진에는 생사가 있다
그곳에는 반드시 인간애가 있다

정치판에는
자세히 보니
나만 있고
나야 한다

경제판은
정치판과 유사하지만
돈만 있고
사람은 없다

그런데 이 화실에는 이와는 다른 풍경이 있다
향기가 난다

퓨리처상 사진 전시회 3

-지상에서 가장 외로운 등

두 남자의 외로운 등
그 등이 말했다

한 등은 현직 대통령
다른 한 등은 전직 대통령

이런 대통령은 무능해서
탄핵을 해야한다고

그런데 그쪽 신문은 조용했다.
아니 칭찬을 했다.
아무도 그를 무능하다고 말하지 않았다

전직 대통령은
감옥이 필수 코스인 이 나라

퓨리처상 사진 전시회 4

-파도 옆의 부부

그 많은 사진 중에서
이 사진을!

뛰어들려는 남편의 소매를 부여잡은 여자
파도는 사나운데
축구공 같은 아기의 머리가 보인다

순간 포착

찢어지는 가슴
움켜진 손에 심줄이 터진다

천구백 몇 년의 사진이다

모나리자 사진촬영

화살표는 끝이 없었다
결국 드론관 6층에 있었다
삼밭의 관광객
정면은 키 큰 사람들이 점령해서

별수 없이
옆에서 찍었다

혹자는 찍지 말라고 했지만
다시는 올 수 없는 기회이다
내 나이가 몇인데

운명인가?

새벽 4시에 깨어
부엌 불을 안 끈 걸 기억하고
달려갔는데
이상하게 불이 꺼져있었다.
아내가 끈 걸로 알았는데
아내 말은 끄지 않았단다
더 놀라운 것은 가스 벨브도 열려있었는데
아무 일도 일어나지 않았다
상식적으로 생각해서는
불이 나거나 독가스로 사람이 죽었어야 할 판인데
아무 일도 없는 것은
설명이 안 된다.

대상포진으로 이렇게 진을 빼놓고도
아직도 하느님은 날 데려갈 생각이 없나보다
나는 신도, 하느님도, 악마도
믿지 않는 사람이다
이 지경에 이르러서 나는 어디로 가야하나?

생각하니
흑색 암흑의 가운데서
햇빛이 드는 원을 제시한 사람
원이 커지면 암흑의 사막은 더 커진다고 설명했다
그 장면이 자꾸만 생각난다

"여보, 당신 사랑해"
이 말밖에 못했다

무제, 사진전

우리도 이렇게
하기로 했다
무제 사진전

사실은 무제가 아닌 무제 사진전

제목을 단다는 것은
아부를 하는 것이다

우리가 드디어
프로가 된 것이다

죽순

우후죽순 이라는 말이 있다
죽순은 나물로는 최고이다

경제대국이 이루어진 후
애절하지만 화려한 어휘들이
TV 화면을 스치고 지나간다

세상에는 불쌍한 사람들이 많이 있고
착한 일을 하는 사람들도 많다
사람은 동정심이 많다

그런데 이삼년 전의 어떤 사건 이후
그냥 보이지 않는다
눈이 나빠진 것이다
어지럽다

바다가 보이는 여관방

우리는 바다가 보이는 여관방을 구하려고
시내를 헤맸다
바다가 보이는 방을 얻어놓고
의자에 앉아 딱 10초를 보았다
얼은 몸을 녹이느라고
더 이상 바다를 보지 않고
먹물 같은 밤이 왔다.
창문을 열어도 바다는 보이지 않았다

남자가 여자를 만나
여자가 남자를 만나
서로가 사랑해서 결혼을 한다

또 있다
아들 딸이 인류대학에 들어간다

또 있다
세계 최고 봉우리 에베레스트산 등정이다

자작나무

호숫가 눈내린 자작나무 숲
실내는 타닥타닥
남녀가 난로 앞에 앉아 있다
아기의 동화책 읽는 소리

회원 작품

양 태 의 시인

약력

• 2002년 시집『어오러지어오러지』로 글판에 나옴

• 2006년 월간《스토리문학》신인상 받음

• 시집 『耳鳴』『혼자 우는 뒷북』『툭』

• E-mail: yte4203@hanmail.net

작품

• 천렵川獵 • 아픈 봄나들이 • 연두를 따라가다가 • 낙화 여사
• 구구구구 • 또, ㅇ • 낮에 뜨는 달 • 입마개세상 • 까악 깍

천렵川獵

찌푸린 아침 하늘은 날개 접어 고이 두고
까칠한 붓대로 서서
발목이 잠기는 물의 바닥에 몽당필봉을 긋습니다.

끊임없이 흔들리는 어지럼증엔 이골이 났지만
간간이 불어오는 바람이야
움츠려 참아낼 수 있지만
팽팽한 긴장의 끈은 길고 질겨서
온몸 저려오는 통증
애써 외면해도 지워지지 않습니다.

문득 문득 웅크린 허기의 목젖에 걸리는
역류를 감행하는 지느러미들
돌진하듯 뛰어든 먹이가
자폭의 가시를 품은 결사항전만 같아서

어렵게 거두어들인 하루치의 붓질을
온전히 삼키지 못합니다.
버드내 건너 두어 마장쯤
산동네 딸깍발이, 백로 이야기입니다.

아픈 봄나들이

오늘은 아픈 시인께서 점심 내는 날
안 아픈 마음이 모는 차를 타고
대청호반 굽이도는 반백 리 나들이 길을
덜 아픈 몸들이 뒤따라 달린다

때맞춰 만개를 맞는 벚나무들도
바람이 내는 새참 먹으러 나서는 길 같은데
낱장으로 휘날리는 이 꽃보라는
얼마나 가슴 떨리는 기다림이었을까
언제부터 숨죽여 다독인 설렘이었을까
언제까지 이어갈 기꺼운 몸부림일까 순교일까

느닷없이 들이미는 자동차들 머리와
어깨와 등짝과 콧등에까지 항의하듯 부딪치는
장렬한 결사의 자유여 소리 없는 함성이여

식물의 뿌리와 열매와 짓이긴 즙까지
동물의 피와 살과 뼛속까지 씹으며 삼키며 빨아대는
광물의 가루까지 큼큼대는 탐욕의 대식가
사람의 귀로는 들을 수 없는 가청可聽 밖의 일인지 몰라

이명 깊은 내 귀가 욱신욱신 메슥거린다

연두를 따라가다가

삐악삐악 손 까부는
연두 이파리 따라가다가, 귀여워라
뾰로통 내민 노란 입이
여적지 젖 물고 있는
늦둥이 개나리, 꽃도 보고

감나무 여린 잎 대추나무 성근 잎
은행잎 버들잎도 대견해라
넘어진 자리에서 혼자 일어서는
아이의 귓불같이. 보송보송한 연두의 힘
여섯 밤 일곱 날 헤아리다가
스르르 잠드네

풀색과 녹색 사이 초록과 청록 사이
포롱 포롱 날아다니며
파랑새 휘파람새와 숨기장난 하다가
은밀히 파고드는 녹음에게
제 품 내어주며 덜미도 잡히면서
어른이 다되어가네

낙화 여사

날로 두꺼워지는 당신의 그늘 언저리로
자욱하게 내리는 꽃비 맞으며

펼쳤다 거두어들인 어수선한 뒷자리가
이어 피울 꽃자리라고
말끔하게 비워 놓고 가신 뜻을 생각합니다

저간의 우여곡절들 시시콜콜 다 챙겨
괜찮다 잘했다고
나만 역성들던 할머니 치사랑에서

슬픔을 뒤집으니 기쁨이 보이더라며
낙담의 수렁에 뛰어들어
손잡아 끌어주신 뜨거운 외사랑까지

마침내 시름 깊은 마지막 얼굴 곱게 다려
토닥토닥 뉘어놓고

낙화유수에서 유수를 떼어낸 낙화만으로도
이 강산 철철 넘치는 봄이 될 수 있다던

언제나 낭랑 60세
당신
낙화 여사

구구구구

엘피판 바닥까지 지직지직 울먹이는,
나애심이 부른
미사의 종소리는 아니겠지요
목쉰 곡비
캄캄한 삯울음 속은 더욱 아니구요

쨍쨍한 은빛 날개 동강나며
불시착한 단발 여객기
퉁퉁 불어터진 허기를 가득 채워 불룩해진 배가
흘린 빵부스러기에 길든 게 언제인지

가늘고 작은 뒷바퀴가 뒤뚱뒤뚱
이른 아침을 밀고 나서는
앵벌이 탁발 길은 아니겠죠, 설마

바닷바람 헤젓는 갈매기나
노 저어 노을 강 건너는 백조가 아니어서
부러진 날개가 더욱 시큰거립니다

녹음도 휘청대는 다저녁때
보셔요 하얀 비둘기
찢어진 죽지를 다시 핥아 쓰다듬는
김영임의 회심곡은 정말 아니겠지요

또, ㅇ

감감 무소식, 옛무덤 두드려
푸른 비늘 붉은 날개 하얀 발톱 북북 지웠어요
온갖 소리 자유로운 허공이 되려고
암수한몸인 거북이와 뱀이 뒤엉키던 환락의 춤사위
까무룩 저물었고요

탯줄을 끊고 아문 자리, 배꼽을 따고 들어가
속 깊이 들여다보다가
그 배꼽 단단히 걸어 잠그며 나와
실성한 듯 굴러가는 굴렁쇠인가
유장하게 굽이치자는 강물인가 산맥인가

숱한 남의 새끼들만 왜 말없이 받아내나
반반한 제 새끼 하나 품지 못하는
불임의 자궁
자전과 공전과 순찰경로에 겹겹이 둘러싸여
난공불락의 자미원이 되었나

먹물 흠뻑 적셔 구부정 휘어진 붓대가
어정어정 둘러보는 오늘 아침
무한을 기약하며 유한을 끌어안고 꼭 다문 당신
헐벗은 성곽의 둘레

낮에 뜨는 달

몇 밤을 저어 흘러 왔나
먼 바다 푸른 물에 하얀 쪽배 한 척
오랜 방황의 끝 기진한 뒤척임이
건듯 부는 바람에
모로 눕네

누천 년도 훨씬 전
젊은 엄마 치마끈에 매달려
무덤 속에 엎드렸던 달
잔무늬 빼곡한 등만 내미는
먼 먼 정월대보름날같이
희미해진 청동거울아

시린 속 훑어 지새운 노래는 또 몇 곡인지
핼쑥해진 반쪽 얼굴에
무슨 부끄러움 그리 많이 타시는지
에구머니나
질겁하며 구름 뒤에 숨네

입마개세상

눈귀는 가려 두고 손발은 묶어 두고

닥쳐라 입!

메쳐라 콧대!

우레 같은 호통으로 외통수를 노리시는 상전님

골똘한 마음심에 숨통까지 바쳤는데

두 근 서 근 두근거리는 애간장, 마저 긁어

내놓으라 하십니까?

눈치코치에 간과 쓸개도 빠뜨린 당신

까악 깍

무심중에 열린 창가로 날아든 아침까치가

휘둥그레 깍 하고

얼떨결에 내민 손이 반갑다고 까ㄱ 하자

기지개켜다 흘린 배꼽

열일곱 하늘이 흘깃하다 까악 하네

낙화유수 흘러가는 물까치의 유행가도

야단법석 떠메고 오는 때까치의 찬불가도

유정타 물 건너 산을 넘

회원 작품

문 정 희 시인

약력

- 2018년 전원에서 시 공부
- 2019년 전원에서 제1회 작품상(시)
- 2021년 《창작세계》신인문학상 당선으로 시단에 데뷔

작품

• 불청객 • 가을이 떠나간다 • 뜻밖의 이별 • 인내심 • 갇혀버린 시간
• 종이배에 띄운 사연 • 정원 • 진한 그리움 • 칠월은 가는데

불청객

휘이익 날아든 귀뚜라미
어물쩍거리다 눈 마주쳤네

기웃대며 다가서자
깜짝새 튀어버린 녀석
몸을 숨기고 비웃듯이
존재를 알리는 신호

버젓이 스치고
흔적 없이 사라지는
쫓고 쫓기는 추격전

토끼눈이 되어버린
초점 없는 눈동자
끝나지 않는 숨바꼭질

틈새로 하얀 빛이 스며들 때까지

가을이 떠나간다

푸르름이 머물다 간 자리
오색양탄자 깔려있고

헐벗은 빈 가지 사이로
지나는 바람은 쉴 곳 없네

노을 비킨 가장자리
한 조각 흰 구름
애달피 바라보고

가을은
찬바람에 밀려
강줄기 타고
바다로
바다로 모여드네

뜻밖의 이별

수 십년간 간직해 온
분신같은 정서를
한 순간에 떠나보내야 했지

재생도 복구도 언감생심
손가락이 잘린 듯한
고통의 소용돌이에 갇혀 버렸지

서러움이 마중물 되어
깊은 한숨 길어올려
한 나절을 쏟아낸 뜨거운 폭포줄기

꿈엔들 알았을까
차라리 꿈이길 기대했지

가슴에 박힌 촘촘한 조각들은
이정표 없는 길을 헤매이다
흩어져 버렸지

고개 들어 허공을 바라보니
다시 또르르
우리의 인연은 여기까지

인내심

보드라운 미풍이 살랑거릴 때
따스함 보듬고 갔지

찬바람 스며들어 움츠러들 때
여민 옷깃 붙잡고 갔지

폭풍우 엄습할 때
짓누름의 무게에 견디지 못해
휜 허리 이끌고 갔지

어긋난 호흡까지 견뎠는데
그 끝은 어디까지인가

내려앉은 심장을 달래며
긴 숨 몰아쉰다
인생의 만개를 꿈꾸며

갇혀버린 시간

설마 설마 했는데
빗나가지 않은 예감은
총체적 난국에
구속되어 버린 현실

조마조마 해진
심장 한 줌 움켜쥐고
시간과 공간의 굴레에 갇혀
불통과 침묵의 순간이
멈추었던 감정선을
위로하듯 마주선다

세상 속 희미한 물결타고
작은 나룻배 한 척
호젓이 흘러만 가는데

종이배에 띄운 사연

누가 사월을 잔인한 달이라고 했던가
청천벽력같은 소식에 주저앉기를 몇 번

매년 사월이 오면
기억하고 싶지 않아도
눈에 어린다

사월의 어느 날 홀연히 떠나서
맺지 못한 수많은 꿈들
너 있는 곳에서 꼭 이루었으면

봉오리로 마른 꽃
활짝 펼 수 있게
세상 고뇌 흩어버려

작은 종이배 접어 냇물에 띄운다
흐르고 흘러 언젠가는
네가 있는 곳까지
닿기를 바라며 안녕

정원

넝쿨장미 에워싼
담장 너머엔
옛 이야기 다정하게
들려오네
초대하지 않아도
이웃사촌 모여들고
지나는 바람도
쉬어가네
이름모를 풀꽃
새들의 합주
성대한 잔치열고
노을빛 머물면
풀꽃은 잠들고
새들도 안식찾아
돌아오네

진한 그리움

달빛이 길을 내어주고
풀벌레소리 길동무 삼아
별빛이 들려주는
옛이야기 들으며
예닐곱 꼬마는
두려움도 잊은 채
한 걸음에 달리면
포근히 안아주는 그대가 있어
마냥 행복했었지
이를 어찌할꼬
날 품어주던
그대의 모습은 어디가고
예닐곱 꼬마는
그대의 엄마가 되어 있으니

칠월은 가는데

폭염이 기세등등할 즈음
깊은 호흡 다하지 못한 채
막혀버렸어
정성을 들인 탑이
찰나에 와그르르
눈을 뜨고 있어도
보이지 않고
있던 길도 금세
사라져 버렸어
흑암의 커튼이 드리워져
보이지 않는 출구
영혼은 물기없는 건초더미
애매한 해답을
수수께끼로 남겨두고
어정어정 칠월은 가는데

회원 작품

유 수 화 시인

약력

• 목원대대학원 국문과.

• 2001년 『문학과창작』등단.

• 시집 『씀뱅이의 사랑』『화독명약』

• 2005년 숲속의 시인상 2011년 숲속의 시인상

• 2019년 한국시문학상 수상

작품

• 성묘 • 환생幻生 • 황새치자리의 봄 • 석탄주惜呑酒 • 살 값 • 때때로
• 옛 이야기 들어보렴 • 봉인 해제-꽃의 시간 • 시 값 • 두견주 고백

성묘

성묘 가는 길, 밤나무 가지에 얹힌 눈덩이들이 툭툭 말을 건다
눈바람까지 거들면서 후루룩 눈 오는 이야기 하니 수다스러움에
시린 귀를 싸매고 저만치 서 있는 먹구름을 그날처럼 바라본다

눈 오는 날이면, 밥상을 물리고 술상으로 그림자를 길게 드리운 아버지의 방은
아버지의 기침 소리, 아버지의 담배 연기로 성벽을 친 요새가 되어 있었다
어머니는 마치 요새를 진격하듯 아버지 방 쪽으로 요란스럽게 목청 높이셨다
눈구름은 낮은 담을 참 느리게 넘어갔다

오늘, 어머니는 빚어 온 가양주를 술잔에 넘치게 따르고
깊이 숨을 넣어 총총한 담뱃불을
아버지 묘 등에 향으로 꽂는다

아버지의 담배 연기 같은 함박눈이 내린다
당신, 술맛이 달겠구먼

아주 오랜만에 어머니의 눈빛이
눈길을 밟는다
요새 같은 밤송이 가시가 눈에 묻혀 순하게 밟힌다.

환생幻生

이목구비 단아한 그대가 있는 갑사로 간다

두 손 마음에 얹어 눈을 감으면
갸름한 얼굴 곧게 뻗은 콧마루
가늘게 뜬 두 눈 살짝 미소 짓는 입술
마음 줄 끝을 온통 흔들어 놓는 갑사로 간다

해마다 그대 이름을 밀어 넣을수록
점점이 뜨거워지는 언어가 있어
몸을 낮추어 기도하게 하는 이

일주문 지나 느티나무 잎사귀마다
붉은 연애편지를 돌돌 말아 보내오는 이

흠결의 정령들이 하나 둘
죽어서도 업을 지고 가는 고단한 걸음 놓고
산사에 이슬로 내려오는,

백로가 지난 오늘,
범종 속 지장보살로 환생하는 가을부처를 만난다.

황새치자리의 봄

이강주梨薑酒가 말갛게 익어가는 술방
배꽃잎 풍미가 봄눈처럼 날리는데

딸네집이 멀지 않은데도
일 년에 고작 한두 번 들르시던 아버지
늘상, 고단하셨던지 풀썩 앉으신다

까만 소반에 한 사발 올리면
시장하셨나, 단숨에 비우시고는
이내 곧 일어서던 아버지가 가신 저녁

오늘, 친정 쪽 하늘로 고개를 드니
술값이라 두고 가신 몇 잎 은화 같은
황새치자리 별, 빛난다

이강주에 흥을 돋우던
아버지의 봄밤, 흰 별이 가득 떴다.

석탄주 惜呑酒

바보가 사는 별, 삼월에 진눈개비가 오네
술잔에 기울어진 풍미로 차마 마시기가 애석하여
탄식한다는 석탄주가 익어가는 술방으로
그대처럼 오네

눈바람 같은 마음으로 취기가 올라
별꽃 무더기에 묻어 둔 이야기 젖도록 오네

몸조차 가누지도 못하고
앉지도 서지도 못하고
잡지도 못하고 잊지도 못하는, 지금

그까짓 인연쯤이야
센 척한 허세로 구겨 접으면 접을수록
별꽃을 흔들던 시간, 눈발로 비틀거리는,

서걱서걱 얼어버리는 그림자
오간데 없는 마음 데우는 데는 이만한 약도 없어

이별도 못하는 바보가 사는 별, 삼월에
석탄주 익어가는 술항아리에 진눈개비 녹는다.

살 값

이순이 넘은 나는 젓가락질을 못한다
젓가락을 쥐어 본 기억이 없는 유년의 밥상 자리였다

한 해에 두 번 웃으시면 시절이 좋았다는 조부는
내가 젓가락을 찾으면
살 값도 얻을 수 없는 물건이 뭔 딱딱 젓가락질이냐고
투박하고 무거운 경상도 말투로 야단치셨다

살 값이 얼만교, 할배

그날 이후
내 밥그릇은 늘 바닥에 놓여졌고
살 값을 꼭 할배에게 갚겠다고 상처 같은 심지를 박은
지금까지 살 값으로 들은 쌀 값은 '아직도' 이다

할배, 시 써서 살 값은 택도 없어예

여전히 젓가락질 못하고
가까이 있는 국에 밥만 말아 먹는다.

때때로

그해, 인진쑥 연기가 뭉글어지는 여름 저녁
밤하늘 높게 솟아오르는 헤라클레스별을 처음 알았다

수십만 개 별이 둥근 공 모양으로 모여 사는 구상성단의 별마을
사다리꼴 모양 오른쪽 두 별 사이에 살고 있다는 헤라클레스별 M 13,

그의 주소를 알고 나선 더욱 궁금하였다
맑고 깨끗한 곳에서는
맨눈으로도 희미하게 보인다기에
밤하늘 언덕을 내달리며 찾아보고
상상 속으로 담아 와서 그리고 바라보던

그 별, 찾을 수는 없었다

찾을 수 없는 별마을 여름 저녁 같은 날,
스무 살 마음으로 다가온 헤라클레스

들뜬 걸음으로 그림자 나누어 걷고
수십만 개 별빛이 길을 흔들던 목동 언덕으로
첫사랑 마음 쏘아 올린
여러날 마음으로 앓았던 여름,

지금 어디에, 마음결이 청량한 날에는 상상해 본다

옛 이야기 들어보렴

동짓날, 그 별을 찾고 있어요

두마면 왕대리 1구 무쇠화로에 다독여놓은
흰여우 이야기, 별을 알고 있나요

부젓가락으로 잿무덤 살짝 들어 올릴 적마다
아홉 개의 꼬리로 그림자를 짓는
재미지게 도란대고 사근거린 불씨의 별입니다

오늘, 조모의 제문을 적은 소지 올리는 날

누군가 어둠의 시간으로 돌돌돌 감아놓은
불씨 한줌이 아주 흐릿하게
아홉 개의 별꼬리를 긋고
기억의 실타래를 풀어가네

실타래 꼬투리에서 풀려나
동짓날 내 마음속 이야기
그리운 온기가 또렷하게 들리네
화로자리 문순달별, 지금 오고 있는가.

봉인 해제 - 꽃의 시간

약 1억 년간 노란 호박琥珀 속에 갇혀있던 꽃
송진빛 노란 선과 선에 머물던 꽃의 시간

2mm의 작은 꽃잎 속 꽃술이 가부좌로 시간의 문을 여니
소나무 면벽의 수행자 옷깃,
솔향까지도 숨을 낮춘 시간의 풍미,
중생을 어루만지던 부처의 낯빛,

작고 낮은 곳으로 부처의 손길이 한걸음 한걸음
티끌 세상으로 걸어오시는 날,

초침과 분침의 시간으로 달리던 걸음을 멈춰
합장을 한다.

시 값

경상도 사천이 본가인 조부는 핏줄에 대한 애착이 유별났다
나를 볼 적마다 시 값을 못하는 물건이라 지칭 했다

어머니는 정월 18일이면 나를 낳은 죄로
손수 끓인 뜨거운 미역 국물에 서러움을 훌훌
저어서 말아 먹었노라 주문처럼 들려주신, 시 값이다

시 값이 씨 값이라는 걸 철들고 알았지만

시인으로 붙인 필명에 이름값은커녕
아직도 씨 값 못하는 만큼 시 값도 못하기는
매양 같다

문득, 시 값은 얼마인가
조부 기일에 가양주를 올리면서 궁금했다

물어보나마나
시 값도 못하는 술은 물리쳤을
조부 눈길이 다가온다.

두견주 고백

마음에 품은 애인이 있습니다

삼월 볕이 달달하게 익은 웃음으로 웃는
허술하고 굴곡진 자리에서도 첫사랑 낯빛을 잃지 않는
손짓이 없어도 눈으로 들어와 주는, 와락 안아주지 않아도 품을 내어주는

이순이 된 이제야 고백해 보는, 두마면 왕대리 진달래
한아름 꺾어서 내 곁에 두었습니다
달항아리 가득 채웠습니다

어쩌나요, 툭 툭 진달래 꽃잎이 지는 시간
늦어버린 고백인가요

오늘은 삼짇날, 활짝 핀 진달래꽃을 흐르는 물에 씻어
술독에 덧술 과 진달래꽃 켜켜로 안치고 기다립니다
그대를 품은 시간이 익고 익어가는 봄, 기다립니다.

회원 작품

민 중 기 시인

약력

- 충남 부여 출생
- 서라벌예술대학 미술과 졸업
- 초중고 교사로 40여년 근무
- 정년퇴직 후 다년간 상담실 운영
- 2019년 시집 『인생낙서』
- 2019년 명언집-민중기 엮음 『사랑의 미학』

작품

• 행복 • 멈춰선 시계 • 기다림 • 매미의 노래 • 오늘 날의 풍속도
• 세월의 굴렁쇠 • 주님 뜻대로 • 봄이 오는 골목 • 나의 삶 • 초가을

행복

마음속에 맴도는 소용돌이
즐겁고 평안의 보금자리
낮잠과 같은 꿈이 행복이다

푸른 하늘 아래
고추잠자리 평화롭듯
마음 포근함이 행복이다

자유롭고 여유 있는 시간
마음껏 즐기고 낭만의 소통
함께 공유함이 행복이다

행복이 주렁주렁 열리는 가을
통통 영글어 나락이 되거들랑
복주머니에 가득 담았으면 좋겠다

멈춰선 시계

세월 가는 줄 몰라 좋고
정서적이어서 좋구나

모르는게 약이라더니
시간 몰라 약이 되는구나

우둔한 셈수에 멈춰선 시계
과외 시켜 셈수 가르쳐줄까?

멈춰선 시계 부끄럼 없네!
혹여 배가 고파 멈춰섰나?
물어나 볼까보다

아예 가는 세월 붙잡아 놓는
스마트한 시계가 되었으면 좋겠다

기다림

하루해가 지루하다
누가 세월이 빠르다고 했는가?
가는 초침 느리고
가는 분침 더 느리니
가는 시침 답답하다
세월이 빨리 갔으면 좋겠다
기다림은 지루하다
누구를 기다리던
무엇을 기다리던
어떤 때를 기다리던
기다림은 소망이요 미쁨이지만
기다림은 때로 피곤하다

매미의 노래

여름에만 들을 수 있는
자연의 상징 매미의 노래
고요한 산속의 메아리
마을마다 정자 속 메아리
여름을 재촉하듯
억척스레 노래하는 매미
한 옥타브 끝내고 또
쉬었다 부르는 매미의 노래
그리움 실어 멀리 멀리 띄운다
계절의 여왕 여름 매미
지침 없이 노래하는 매미들
누가 이를 매미의 울음이라 하였는가?
여기저기서 경쟁이나 하는 듯
다투어 노래하는 매미들
마을의 낮잠을 깨운다

오늘 날의 풍속도

감은 감나무에 매달리고
대추는 대추나무에 매달리는데
사람은 컴퓨터나
스마트폰에 종일토록 매달린다
앉으나 서나 남녀노소 없이
걷고 차를 타고 가면서도
손가락 움직여 매달린다
생활정보 접하는
오늘 날의 풍속도다

세월의 굴렁쇠

지구의 공전과 자전
쏜살같이 굴러간다
어쩌다 보면 하루 가고
지나간 자국마다 흔적 없이
마냥 굴러만 간다

붙잡을 장사 없고
쉼 없이 굴러만 간다

세월아 네월아
어쩌자고 굴러만 가나
KTX 기차보다 빠른 세월
굴렁쇠는 가다
쓰러지기도 하는데
이놈의 세월 굴렁쇠는
기약 없이 굴러만 간다
한없이, 한없이

주님 뜻대로

오늘도 주님 뜻대로 사는거야
나는 내 것이 아니야 주님의 것이야
내 몸에 생명을 주셔서 이 세상 구경하고
가는 인생 주님 뜻대로 사는거야

모든 일 내 마음대로가 아니야
주님 뜻대로 하는거야 조급하지마
거기에 순종하며 사는거야

모든 재산도 세간도 내 것이 아니야
사는 동안 잠시 빌려 쓰는거야
천국 갈 땐 그대로 놓고 빈손으로 가는거야
주님 뜻대로 활용하고 사용하는 살림
지혜롭게 아끼고 알뜰해야지

주님 뜻대로 사는 길이 평화롭고
행복한 길이야 오늘도 내일도
모든 것 주님 뜻이 아닌 거스름은
실패하고 고통의 연속이야!

봄이 오는 골목

촉촉한 봄비가 내렸다
파릇파릇한 잔디에
산천초목 기지개 쓰고
꽃봉오리 터지는 소리
귓가에 스치는 봄바람
애견들 주인 따라 산책하고
움츠렸던 가슴 활짝 펴네
새들이 주인 되어 산울림 조화롭고
따스한 봄볕에 쑥부쟁이
냄새 향기롭다

나의 삶

나는 지구를 밟고 산다
나는 우주공간을 헤치며 살고
나는 태양과 더불어 산다

나는 이웃과 함께 살고
나는 지구의 젖줄을 먹고 산다
이것이 나의 삶이다

초가을

폭염에 지친 몸 추스려
초가을 맞아 새롭다

수수목 굽어 다소곳
소리 없이 찾아온 초가을

품 안에 스며든 찬바람
지난여름 땀 냄새 날리고
상쾌하고 신선한 초가을

플라타너스 단풍잎
떨어져 바닥을 수놓고
스산한 바람 볼을 스친다

풍요로운 가을을 내딛는
초가을 정경은 아름답다

회원 작품

이 향 순 시인

약력

- 2009년 〈서정문학〉 9기 신인상
- 2013년 『당신이 좋습니다』
- 서정문학 회원
- 성우보육원 선임위원
- 명예경찰 6기
- 충남 논산시 벌곡면 계곡1길 19-24

작품

- 특별하면서, 아주 소중한 여행 1
- 특별하면서, 아주 소중한 여행 2
- 특별하면서, 아주 소중한 여행 3
- 특별하면서, 아주 소중한 여행 4
- 특별하면서, 아주 소중한 여행 5
- 잘했다 할 줄 알고
- 백일홍
- 정말가시나요
- 삶이란

시월의 꽃

곱던 모습 하느작하느작 떨어지네
눈물 쏟아질까봐 입술을 꾹 다물었어요
흔들리던 나에게 말을 걸어오더니
생각은 침묵의 골짜기만 다녀가고
나는,시월의 강을 건너는 낙엽에 몸을 던져요
천천히 더 천천히 당신의 숨결을 느끼고 있어요.

특별하면서, 아주 소중한 여행 1

하늘빛 우아한 저녁
가득한 풍요를 누리던 날에
곱던 단풍 내려앉은 모습, 가는 길 끝자락같다.
자식 많으면 뭐허냐
어매는 말 한마디 나눌 이 없어 죙일 심심허다
적막속에 갇혀 지내시다 가버린 엄마가 생각났다
장암 초기 수술 후 보호 받아야 할 나이라며
말리는 가족들 밀어내고 요양 보호사 자격증을 얻었다,
스스로 만든 신념으로 환경을 뛰어넘어
세상으로 허우적이며 들어갔다,
맑은 가을산이 내려오고
겨울산 변하여 나비 춤추고 꽃들이 말한다
놀라운 조언 들어 옳은 방향으로 가고 있다고
새로운 일은 두려움이지만
절대 늙지 않는 피터 팬이 되어
목마른 자리에 물을 나르고 있다.

특별하면서, 아주 소중한 여행 2

목마름이 있는 사막이다
영혼의 거울에 비추어 보면 헐벗은 삶의 자리
수심 가득하여 쉽게 무너지고 황폐하다
버리고 내려놓아도 밀려드는 어두움
절망의 강 건너다 녹슨 육체 고장난 음반처럼 아이고
적막감에 묻혀 생을 점검하는 초라한 밤 바람이 시리다
생텍 쥐 페리의 생각처럼
사막은 죽음과 불모의 장소가 아니라
무한한 영감과 생명을 품고 있는 곳이라고
선율타고 숨소리 들려오면 가슴뛰던 기억
삐걱이며 일어나 가는 길 삶을 세우기 위하여
약속 맺은 인연들 맑은 물길을 열어주고 싶어서

특별하면서, 아주 소중한 여행 3

욕심도 사라지고 미움도 풀어지고 눈물도 떠나
눈 감으면 햇빛이 보내준 꽃잎 두 눈을 덮어줍니다,
찬비 맞고 견디던 껍데기 스치는 바람에 바스라지고
의미 없이 어둠앞으로 줄 세워지는 육신의 체념이 서글퍼
지나간 일상 그리워 머물던 시선 나무 밑에 묻어놓고
잠들면 내일 다시 만날지 가슴이 떨려 손들고 나갑니다
내려앉아 발을 씻기고 발톱을 깍고 내 삶의 방식밀어두고
섬기며 살라시던 그약속 지키려 조금 남은 노을이 맑아지라고
멀고 깊은 곳에서 양식 나르던 나의 생각도 내려놓고
자주 무너지는 마음 일으켜 세워보려고 가시는 길 밝혀보려고

특별하면서, 아주 소중한 여행 4

그냥 좋았던 일 고맙다고 말할걸
사랑은 말만해도 마음타고 길을 찾아 갈텐데
늘 바삐 뛰었지요 그래야 하는 줄 알고
묻혀진 시간 메말라 가는 그리움도 외로워요
병실에 누워 있었던 일이 많이 생각났어요
할 수 있는 일 아무것도 없는 줄 알고
침묵해도 아실거라 생각했지요
누군가에게 위로가 되었으면
기도하다 찾아낸 부드러운 자신감이 나를 일으켜 세우고
휘적이며 찾아가는 생소한 사람
자기만의 세계에 갇혀 냉각된 얼음 길 찾기가 힘겨워요
어제도 지우고 뒷걸음으로 들어가는 동굴
깊은 고독이 뿌리까지 흔들어도
세포에 근력 심으려고 꽃씨 뿌려요
머리속 회로가 하나씩 빠져도 따듯한 감정은 흐르겠지요

특별하면서, 아주 소중한 여행 5

스쳐 지나는 봄 붙들어 앉히고
동그랗게 빚은 찹쌀떡에 지긋이 눌러 얹은
진달래꽃으로 마음을 나누었네
千층 萬층 心층 깊이 보랏빛 라일락 향기스며
가슴이 따듯해 졌으면 다시 못 만날 인연
곰팡이 핀 음식을 먹고 몇푼 나오는거 저축하는 노인
꽃을 봐도 눈물 난다는 메마른 죽음 되지 않기를
세상에서 가장 얻기 어려운 일이
사람 마음 얻는 일이라 말한 생텍쥐페리의 글처럼
마음 편하라고 독특함도 인정하고 묵묵히 걸어본다.
여행이 끝나도 기억은 기쁨되어 피어나고
여전히 꽃들은 어여쁘고 사람이 향기롭기를
순백의 신부같은 벚꽃 화려하고
새색시 벚꽃은 붉으레 수줍은데
나의 웃음소리 숲속 산비둘기 사랑놀이 되어간다

잘했다 할 줄 알고

외출에서 돌아오니
한 사내가 소나무 그늘에 앉아있다
땀에 흠뻑 젖은 채
넋이 반쯤 나간 채
땡볕에 잔디 깎았다고 으스댄다.
한대 때리고 싶다
꽃들이 기지개 켤 때나 하늘이 물감 풀어 헤칠 때 할 일을
"왜 지금해? 그냥 두지",
흘기는 눈에 안쓰러움이 앞선다
잔소리 꾹꾹 누르고
내가 좋아하는 찌개 끓인다
먹든지 말든지

백일홍

색색으로 고고하게 흔들리고
비록 아무소리 들리지 않아도
즐거웠던 이야기 바람결에 묻어온다.
사람의 인연은 하늘이 내려준 선물
멀리 있어도 높은 사랑에 잇닿아 있어
꿋꿋이 일어선 소식이 꽃을 피우나보다
노을보다 더 고운 사랑 너를 그리며 꽃밭에 서 있다.

(꽃말
빨강: 인연 그리움
노랑: 사랑하는 사람 잊지 않겠다는 다짐
주황: 헌신
흰색: 선한 마음과 순결)

정말 가시나요

책임 없이 누렸던 삶의 그림자
눈 어두워 보이지 않았는데
얼굴 다르듯 생각 다르게 앉을 수 있었던 자리
모퉁이 돌아갈 때 다독이시던 든든함
아버지 하고 부르기만 해도 가득했는데
사소한 이야기에 마음을 보고
곁에 있으면 넉넉하게 웃을 수 있었는데
하늘 필림에 담겨 같이 보게 되는 날
부끄러워 어쩌나
생의 짐 밀어내듯 겨우겨우 찾아갔던 길
미안해서 어쩌지요
벅차게 받았던 고마움 여기 계셔서 행복했는데
이번은 정말이신가요 정말 떠나시나요
긴 어둠이 얼마나 외로우셨어요
따듯한 체온 식어가는데 이젠 마음 어디를 보나요
고생하셨어요 죄송해요 아버지 편히가세요
또 다른 세상
그곳에서 사뿐사뿐 가뿐하게

삶이란

하늘의 별 훔치려다
연안이 열려 우주를 넘나든다.
목마름은
허무 속에 갇힌 비명이어라
만족 없는 공간 무너지는 가슴은 바람이 되어도
수많은 감격들 차곡히 접어 빗장지른 감사이다.
어제를 벗고 오늘을 입으면
외로움에 젖은 심령 빛을 찾는다
묵시의 가르침
심연 깊은 만남 본향집 거기 있기에
벗은 몸이 되어도 부끄러움 없어라.

회원 작품

황 은 경 시인

약력

• 2013년 등단
• 2015년 시집『겨울에는 꽃이 피지 못한다』
•『마른 꽃이 피었습니다』『생각의 비늘은 허물을 덮는다』
• 편저로『세계의 어린왕자』
•『문학, 책으로 말하다』등 5권과 다수의 공저
• 2018년 한국 여성문학100주년 기념 문학상외 다수
• 대전여성문학회. 시와정신회원. 대전서구문학회 회원 등
• E-mail: cjtzltmdi@hanmail.net

작품

• 선택 • 인연의 물가 • 창가에서 • 뫼별 • 양파의 눈물 • 아나키스트
• 풀처럼 • 어느 날의 다짐 • 사잇길에서 • 보이지 않는 주소

선택

생명을 놓아줬다
차가운 겨울 냇가에
몸을 눕히는 부처들

잡혀 있던 양어장에서
피치 못한 탈출에도 불구하고
다시 갇혔던 어둠

진하게 맛보는 세상
냉수마찰 꿈틀꿈틀 휘저으며
지난 전생을 마감한다

이제부터
진짜 삶이라고 믿어보는
물고기 부처님들

인연의 물가

밤새 투명한 고기를 잡느라고
모래알 낀 눈을 떠본다

저 맑은 고기를 먹어야 내가 산다고
흙탕물로 뒤집어진 냇가로
이젠 내려가지 않아

참 쉽지 않은 인연처럼
우리는 그리 만나려고 애쓴다

속이 보이는 너만큼
인간의 너절함은 용서가 안 되겠지만
간곡한 소원에 나에게 온

비늘도 달지 않은 낯처럼
눈부시게 맑고 환한 밤처럼

창가에서

시야에 머문 인연이 사라져만 간다
저문 창가라서 그럴까
회색의 달을 지운 날처럼
동네 오가며 잡았던 손길도 줄어들고

행 길가 작은 우물에 돌 덮개 덮인 날
도르래 함박지 올라갔다 내려갔다 하며
울 엄마 등목도 시원하게 해 주던 우물가
4차선 길가에 차만 달린다

엄니가 걸어 다니셨던 안방 창가 너머 텃밭은
올해도 푸성귀는 자라나
초록의 피가 수혈되는 맛
창가에 들인 추억 소야곡은 혈류를 타고 되살아나는데

뫼별

별 같은 눈물을 많이 흘리며
심장을 더 작게 만든 사람은
평생 흘릴 눈물은 심장만큼이라고
거의 말라비틀어진 심장의 힘겨운 만큼
슬퍼 울어야 했던 순간을
찢듯이 나눠 던지면
그게 내게 되고
우리가 되고
말 못하는 뭇짐승도 되고
그렇게 사라지다 새겨지는
이름 하나 되어 뫼별이 되더라

양파의 눈물

붉은 흐름 주황빛 껍질에 멈춘 걸음
한 껍질 벗기면 또 허연 속을 보인다
따가운 순간에 몇 곱의 원망처럼

들어도 든든한 껍질로 살아 볼까
벗겨서 홀가분한 양념처럼 살까
빨간 망 속에서 바라보는 마음

지금
너나 나나 눈물겹기는 마찬가지다
살아내기도 하는 중이니

아나키스트

수많은 족쇄를 풀며 말한다
채우지 말라고

자유와 사랑하는 날 미워하지 말라고
천국의 노래를 믿는 자여

눈에 밟히는 모든 게 기도와 염불과 부적의 대상이고 소원이고 바람이었지만
날마다 떨어져 나가는 먼지를 바라보시라
아름다운 빛으로 환생하여 승천하는 것을

어느덧 옷깃을 날리며 달려 저 광활한 실크로드를 누비는
나라는 기차, 너라는 역
자유롭게 표를 끊고 날아보자

풀처럼

꼬장꼬장 서 있다가
비바람 치면 허리 절반 푹 구부리고
다시 쭈욱 기지개하고 힘내는
억척스러운 풀뿌리의 저력을 보았다

푸름도 꽃이 피듯
왕성한 초여름 신록의 함성 속에서
발에 채는 들풀
밭에 널린 잡풀
길가 틈새에 밟히는 작은 애기풀

생명 안에 가둔 그들의 뿌리
무시하지 못할 씨앗이 날아
냉정한 호미 끝에서도
보란 듯이 서 있던 너
그게 차라리 나였으면 하는 날

어느 날의 다짐

샌들의 거는 고리가 뚝 끊어진 날
미신이라던 그 말처럼
떠나갔다

쓰레기통에 무심히 던져버린 순간
피할 수 없는 배신감이 올라온다
가버렸기에

끙끙 앓고 있는 코스모스 잎이 되어버린
그런 사람이 자신일 줄은
바보처럼

꿈에도 몰랐던 현실
버려진 샌들의 끊어진 고리처럼
한없이 안쓰럽고 아팠던 날

뒤돌아서 가버린 순간을 잡지 않는
짱돌이 되어버린 다짐
세월이 진짜 약일 줄은 몰랐다.

사잇길에서

인생의 마중물은
황소가 이끄는 달구지 위에 실어도
덜거덕거리며 잘도 따라왔다
마지막이 보이는 길을 만나도
한 치 앞도 모른 채 달리기만 했다

자식이 귀하지 않은 집이 어디 있겠으며
허름한 집이었지만 충분히 따뜻했던 체온
수많은 가시밭길 헤쳐 나와 동반자가 되었던
그리운 어머니가 남긴 온도에 기대고 싶은 밤

오늘부터 사잇길을 두고
건너갈 수는 있지만
건너올 수는 없는 길이라서
잠시, 이별의 뒤란이라 말하며
당신을 보낸다

평생 나의 신전에 그대는 불빛이기에
안녕, 안녕히

보이지 않는 주소

해파리의 미끌미끌한 촉수 사이로
날카로운 독이 있다는 것을 알아버린 날부터
물속에도 벽이 있고 집이 있고 주소가 있다
물고기의 생사도 예사롭지 않다는 것을 알았다

하물며, 사람의 생사는 보이지 않는 주소다
그 주소를 보지 않기 위해
빛이 있는 곳에서 인생을 펼치고
춥고 어두운 곳은 피했던 거다

그래도 운명을 짊어진 용감한 용사는 많다
카멜레온의 진화된 거죽을 닮아서라도
그곳 어두운 집 주소로는 가지 않을 거다
모든 신의 주소는 잠이 들면 다 보이니까

회원 작품

임 형 선 시인

약력

• 금산 출신

• 2017년 《창조문학》 등단

• 국제펜 회원

• E-mail: limh4747@hanmail.net

작품

• 푸른 바다 • 이불 금고 • 하얀 고무신-2 • 교과서 • 거시기

• 독재자 • 이 시대의 전쟁 • 아픈 손가락 • 오분의 사(4/5) • 자작나무

푸른 바다

바다는 어머니의 거울
파란 하늘 되비추는 반사경
달도 담고 해도 담고
분노한 바람도 담고

채무자인 듯 죄인인 듯
자식 키우느라 멍든 맘 풀어 놓았으니
푸를 수밖에

모든 것 다 품는 엄마의 바다는
홍수가 난 흙탕물이라도 거부한 적 있었던가
다 받아들여 정화해서
자식 키우는 청운의 꿈이다

밑반찬 만들기 위한 엄마의 냉장고다
찰싹대는 파도 소리 건져
석쇠 위에 구우면
햇살에 젖은 파란 마음이
식구 먹일 생선을 익힌다

어느 자식이 엄마의 바다의 길이를
측량할 수 있으리

이불 금고

시대의 흐름을 막고 있는 고루한 명분
체면치레로 포장된 집
나들이 할 옷들이 횃댓보 안에서 대기 중이고
궤짝 위에 이불들이 지층처럼 쌓여
다리 펼 밤을 기다린다
맨 아래쪽 고이 간직한 안 덮는 이불
명분을 망각하고
활짝 웃으며 정혼 할 그를 맞는다

층층시하의 눈
손 한번 잡아보지 못하고 눈만 맞춘 아쉬운 밤
그녀의 입가에 머문 미소와
별들이 자꾸 말을 걸어 잠을 설치는데

계좌번호도 도장도 없이 인출된 나체가 된 돈
그녀를 대신해 동침케 한 이유가 뭘까
가난을 눈치 챈 처가의 배려인가
납채에 쓰라고 자존심 세워 준 것인가
고맙게 생각하고 챙겼다

어쩔 거나
생각의 차이로 일어 난 스파크
절대로 이해할 수 없는 과실
그들의 인연을 끊는 톱질이었다

이들 한 쌍을 지지했던
별들이 끄먹끄먹 눈물 떨군다

하얀 고무신-2

떠나갈 어머니 신고 가라고
대문 앞 사자 밥 옆에 놓인 하얀 고무신

뒤돌아 볼 겨를도 없이
황급히 하늘에 오르다
벗겨진 신발 한 짝
낮달 되어 어머니 가신 날에
떠오르는 쪽배 같은 신발
국화 향기가 눈물 머금고 그렁그렁 한다

깨금발로 가는 길 힘들까 봐
남아 있는 가족 낮달 한번 보고
무덤 한 번 어루만져 보고
두 손 모은다.

교과서

길 옆 도열한 풀들 사이로
사열하는 삽과 괭이
흙 묻은 옷과 장화
변함없는 어제와 오늘

읍내 나들이 하는 경운기
여인네 달거리처럼 모아 논 월중 행사
이것저것 시장을 걷어 오는 날

별첨 붙임
읍내 혼인잔치 있는 날
흰 와이셔츠와 넥타이를 맨다

하늘 보고 땅을 보고 그가 만든 교과서를 보고
무거운 지게 밭이랑에 부려 놓으면
풍성해진 큰 가을 보따리
무게가 없고 자식들 얼굴만 남아 있다

봄 여름 가을 버거운 괭이질
손자의 웃음소리에 사라진 그늘
몇 십 년을 뒤적인 교과서
노을 진 책갈피에 어렴풋이 적혀 있는 마지막 페이지
약 타러 가는 날 병원 가는 날
신발 끈 풀어 놓는 날

거시기

초가을 풋대추 같은 그녀를
법으로 묶어 놓고 씨앗도 뿌려 놓고
어쩌지 못하는 강 건너 저 편으로

쪽배 타고 떠난 그 사람
그의 강가에서 세월을 주름 잡아 당겨 봐도
강물은 수십 장의 달력을 적시며
무심히 흘러
기다림 마저 쭈글쭈글 말린 대추가 되어 있을 때

방향을 잃은 목선
샛강 여울목에 발목 잡힌 돛대
찰랑대는 물소리 바보들의 합창

쓸 모 없는 폐선
거두어 온 지난 십 삼년
썩고 썩은 시간을
돌아오지 않는 강물에 띄워 보내는 날

고생하느니 잘 됐다는 한 목소리
장송곡이 할렐루야 찬송이 된다
겉으로는 얼마나 거시기 하냐는 이현령비현령에
어디에 마음 둘 바를 모르겠다고
조강지처 마음이 일렁인다

사랑인지 정인지 회한인지
그래도 남편이라 의지했는지

독재자

그의 지휘봉은 살인의 행진곡이다
무미 무취 무색한 독가스
히틀러의 대 학살처럼
지구별 인원 감축이 시작됐다

노비가 그랬듯이
결혼이나 사유재산이 인정된다는 허울뿐
모든 국민은 집회 결사의 자유가 있다는 분칠한 언어
가족관계도 허용되지 않는 만남

가시덤불로 이끌어 온 생소한 길
곤비한 사람들이 허둥대는 징검다리

얼굴 마주 보고 술 한 잔 기울이는
평범한 일상이 그리워지게 하는 너
페스트나 천연두 소아마비처럼
사라질 악마의 버블

코로나 너
그 칼날 숫돌에 간다 해도
봄볕에 녹는 얼음덩이 일뿐이야

이 시대의 전쟁

대명 천지에
무색, 무미, 무취한 무형의 독가스
거미줄에도 걸리지 않고
눈으로 식별할 수 없는 정체불명
방독 마스크를 쓰라고 몽니를 부리네

다른 종의 만남처럼
악수도 허그도 사라진 세상
선전포고도 없이
시도 때도 없이 무차별 공격하니
처처가 공포로 가득하다.

그림자도 없는 얼굴
협상 불가한 일방적 공격
힘없는 서민들의 눈물로 치러지는 전쟁

페스트나 마마처럼 한 시대를 흘러갔듯
유행은 바람처럼 왔다 떠나가는 것이기에
백신과 치료제로
구겨진 일상을 다림질 해 주고
한 차원 높은 세계로 향할
발판 삼으리라

아픈 손가락

가난에 지친 한 끼 밥그릇
채우기에 급급했던 빈 주걱
가족의 마음 헤아릴 겨를도 없어

아비 없는 호로 자식
본디 없는 럭비공
소나무 껍질 같이 거칠어 만져지지 않는 본심
기차 화통 같이 쏟아내는 뿌연 화살
교과서에 없는 일반상식
자기가 만든 경으로 포장한 허울

한센 병 환자 보듯 조현 병 환자 보듯
피해 다니면 된다지만

어미는 가슴 조이며 조마조마
바로 걸을 수 없느냐고
어찌하여 그리 되었냐고

백발이 되었어도 먹구름 휘감긴 폭포수
빗물인지 어미의 눈물인지
홀어미의 자탄의 소리
폐부를 찌르는구나

탕자를 둔 성 어거스틴의 어머니처럼

기다리고 또 기도하더라

오분의 사(4/5)

우리의 만남은
물 하나와 설탕 하나가 만나
달달한 설탕물 물 한 컵인 줄 알았는데

짭짤한 살림살이
소금과 물의 만남이었어

바닷물처럼 시간 속으로 파도타기를 하더니
바닷가 귀퉁이에
작은 염전을 이루어 놓은 거야

햇볕과 풍랑은
골다공증에 걸린 생각을 내려놓고
잠자리 날개 같은 영혼은
물에 젖은 솜처럼 무거워진 육신을 이끌고
바닥에 납작 엎드려 있네

달아나려는 물기와
소금기를 붙잡고
오분의 사밖에 안 된 성글어진 칠십 고개를
엉성할지라도 함께
하나 만들려고 노력하며 넘고 있다구

자작子爵나무

나만의 이상향
올곧게 자라리라 쓰임새가 되리라

영광된 그날을 위해
하늘만 바라보고
다잡기에 소홀하지 않았던 족적
수도승처럼 무정한 시간들로 나를 엮어

신의 섭리를 핑계 삼아
뚜벅뚜벅 그렇게

시베리아에 살아도
유럽에 살아도
북한에 산다 할지라도
그 모습 그대로
게놈의 유전자로 집성촌 이루며

표백된 자태로 고고하고 정갈하게
작위를 지키며
나를 自作하고파

회원 작품

정 상 순 시인

약력

- 1937년 경북 청도 출생
- 1959년 김광섭. 모윤숙. 이인석 추천받아 〈자유문학〉으로 등단
- 1962년 여류 15인선 사화집 『사색과 영원』 출간
- 2005년 시집 『막사발 주린 그리움』 출간
- 2018년 시집 『꽃에 눈 멀다』 출간
- 2004년 호서문학상 수상

작품

• 묘비명 • 시월연가 • 4월이 오네 • 과도 • 낮달 61 • 낮달 62
• 낮달 63 • 낮달 64 • 낮달 65

묘비명

바람소리 베개 삼아 나 누워 있을래
구름 한 자락 끌어다 덮으면 한결 따뜻하겠지
새소리, 귀울림 오래 앓아 지병이듯 친근한데
여울물 떠내려 오는 소리에 섞여 내 한숨소리도 가라앉고 있네
별빛 부서져 내려 온 산에 등불 켜는 저녁
비래골 덤불 속에 숨으면
내 한평생 숨바꼭질 꼭꼭 숨어라
이 평화

시월연가

나 귀밑머리 곱게 풀고
그대 곁에 누우면
나무가 될까

질퍽한 푸른색 알갱이 모두 떨구고
검붉게 피멍든 손바닥 흔들다가
그마저 바람에게 주고나면
가진 것 없는 당신

빈손의 그대
낮달의 품속에 빗살무늬 아른아른
세월을 가두고 돌아서면
내 그리움 노을 속에 붉게 탄다

숯덩이로 꺼내온
우리 사랑

푸지직 아직도 꺼지지 않은
불씨 하나 가슴에 품어 안고
후줄근히 빗속을 젖으며 걸어와
홀로 눕는 그대

가을 산을 껴안고
물소리 바람 소리 새 소리

데려와 함께 누워서
나도 나무가 될래

4월이 오네

산들바람으로 돌아와요 그대
휘파람을 불어주어요
4월의 언덕엔
그대 꼭꼭 숨어버린 벚꽃 무리
하얗게 퍼져 있는데
내 마음 언저리엔 서리가 내렸네요

눈 오는 밤을 꿈꾸는 건
그대 웃음소리가 곧 도착하기를
기다리고 있기 때문인 걸요

당신이 떠난 긴 여행
돌아올 수 없다면
내가 뒤쫓아 달려갈 게요

작년 이맘때 4월 어느 날
그대 시래기 밥해 달라했지요
우리 된장에 달래 넣고
쓱쓱 비벼 먹어요

빈집에 적막이 고여
그대 그림자마저 지워지는데
꽃은 잔인하게도
가시 되어 아픈 곳만 찔러대네요

>

어디선가 들려오는 휘파람소리
산들바람처럼 불어와
내 마음 언 땅을 녹여주어요

또다시 상처로 남는
4월이 오네

과도

우물 속에서 퍼 올린 한 두레박 물을
쏟아 부을 때
문득 결기 세운 물의 야성을 눈치 챘을 거야

저 바람을 가르는 솔개의 날갯짓
그 날렵한 깃털의 떨림을
초승달의 감성 안테나는 눈치 챘을 거야

비록 몸은 사기쟁반 위에 누웠어도
비를 품은 구름 사이에서
시퍼렇게 낙뢰로 깨어나고 싶은
욕망 그 하나로
과육 깊숙이 촉수를 찌르고 있었다

낮달 61

해안의 저 끝에서 누가 부르는 소리
하얗게 소복을 하고 노을을 건너는 저 여자
눈시울 붉어질 사연을 챙겨 들고 이사를 간다
어디론가
창밖은 희뿌연 저녁 햇살들의 군무가 춤을 추고 있었는데
고요가 숨죽이고 쉬어 가는 이 시간에
길 떠난 그 여자
피사체로 걸려 있는 모네의 유채화 뒤에서 자해를 하고 있었네
아무도 이 벌판에
그림자를 남기지 않는다
다만
천 년을 걸어온 바람의 발자국들이
허공의 벽을 허물어 길을 내고 있을 뿐
강물을 가르며 헤엄쳐 떠나간 그 여자의
새파란 웃음소리
비수되어 내 가슴을 겨눈다

낮달 62

해 저무는 어둑한 물가에
고깃배 한 척
빈 배 혼자 두고 사공은 어디 갔나

고물에 부딪친 바람이
나그네 되어 하염없이 기다리는 선착장엔
우수수 가랑잎 된 세월이
호젓이 노를 저어 떠나가네
별이 된 코스모스 등불을 켜는 들녘에서
누가 나를 부르는 소리
뒤돌아보면 외로운 그림자만이
쓸쓸히 따라올 뿐

아무도 말해주지 않네
그대 떠나가는 길목에서
하염없이 비에 젖는 그리움 한 조각
강물에 흘려 보내며
하얗게 웃고 서 있는 내 모습
거울을 본다

낮달 63

저 허공 높이 날아
울음으로 사는 학이여
흰 날개 곡옥으로 다듬어
삼백예순다섯 날을 살다가
황홀하게 져버리는 꽃들의 눈물로 매달려 있네
허수아비 빈 가슴에 깃대를 꽂아 놓고
날아올라라 둥둥
북소리의 오열
학이여
그대 그림자로 가려진 세월의 포물선 위에
오랫동안 박혀 있던 사념의 조각돌들
지금도 내 가슴 언저리 여기저기에서
낙석으로 떨어지고 있다

낮달 64

갈대를 베다가
갈대의 서걱이는 가슴을 베다가
칼끝에 묻어난 선연한 피
내가 지나온 뱃길의 온 바다에 흘러서
지금도 노을 속에 섞이고 있겠지

낮달 65

저 허공에 높이 날아
울음으로 사는 학이여
흰 날개 곡옥으로 다듬어
삼백예순다섯 해를 살다가
허무하게 져버리는 꽃잎의 눈물로 매달려 있었네
허수아비 빈 가슴에 깃대를 꼽아 놓고
날아올라라 둥둥
북소리의 오열, 학이여
그대 그림자로 가리워진
포물선 위에 박힌 사념의 조각들이
지금도 내 가슴 벌판 여기저기에
낙석으로 떨어지고 있다

회원 작품

최 영 호 시인

약력

- 1951년 전북 익산 출생
- 2010년 문학사랑 신인상
- 한국문협, 대전문협 회원
- 미령문학상(단편소설) 최우수상 수상
- 대한민국 백제서화 공모전 대상(문인화)
- 전일전 국제미술상, 국제예술상
- 시집 가버나움 외 4권
- E-mail: cyh0192@daum.net
- 010-8801-9125

작품

• 작달비 • 빈집 • 뒤통수 • 금강을 흘러보라 • 초설 • 굿 모닝
• 넌 너대로 • 일출 • 내가 더 밉습니다 • 낮달

작달비

빗발이 굵고 드센 날
삶의 잔상들이 칩처럼 끼워져
머릿속이 복잡할 때는
자리를 털고 나가
작달비를 맞으며 걷는다.

주머니에 고뇌 하나 집어넣고
빗방울을 온 몸으로 맞으며 걷는다.
그냥 지천에 몸을 투항하고
오감을 해방 시킨 후
뚝방에 나를 풀어 놓는다.
마음 가는 데까지 나를 보내고
돌아오고 싶을 때 돌아온다.

굴레에 얽매였던 사유가 탈속하고
얽힌 생각들이 지순하게 풀려난다.

탁해졌던 영혼이 헹궈지고
물빛처럼 청정하게 되어
저절로 마음이 평온해져 돌아온다.

+작달비: 굵고 거세게 오는 비

빈집

부엉이 소리 고적한 밤
등이 걸린 모감주나무 사이로
초승달이 고향집을 내려다 본다

허물처럼 절구통 곁에 놓인
생전에 쓰시던 낡은 빗자루

아버지가 쓸던 마당을
찬바람이 대신 쓸고 있다

아무도 없는 집에
좋아하시던 월하감
노을처럼 익어가고

대숲이 마음을 아는 듯
붉은 설움을 쏟아내어
빈집을 채우고 있다.

뒤통수

할머니는 철길 옆에 목련꽃이 필 때마다
실눈을 뜨시고 이 게 마지막일지 모른다고 하셨다.

꼭 자신을 닮아서 버리지 못하겠다며
15년 동안이나 키워온 쇠약한 군자란을
양지에 내놓고 쯔쯔- 혀를 차가며 물을 주셨다.

마음속엔 늘 봄을 품고 사시지만
몸은 이미 마른 솔잎 되신 할머니는
누가 어떡하다 이렇게 되었느냐고 물으면
뒤통수 맞은 거라고, 사람은 누구나 나중에
뒤통수 맞는 거라고 답해 주셨다.

세월에 뒤통수 맞고 팍- 삭으신 할머니
자식에게 뒤통수 맞고 만석 재산 다 잃으시고
말년엔 풍에 뒤통수 맞아 밥보다 약을
더 많이 드시는 할머니는 급성 폐렴에
뒤통수 맞고 어젯밤 그만 명줄을 놓으셨다.

조용히 저속으로 달리던 열차가
덜컹 서자 목련꽃이 후두둑 떨어졌다.

금강을 흘러보라

해저녁 금강을 따라 흘러보라.
걷고 걸어도
실타래처럼 끊기지 않고 흐르는
처음 걸어도 낯설지 않은 강가에서
불러줄 이름 없고
사는 사람 서넛뿐인 마을의 어둠을 쓸어내며
얼굴 훤하게 떠오르는 초승달의 웃음살을 보라.
흐르다 흐르다 가슴 저미면
쉴 새 없이 흔들리는 억새들을 불러
함께 으스러지도록 얼싸안고
후미진 산허리 돌아
소리 죽여 흘러가는 물줄기를 바라보라.
저녁마다 산 그림자 내려와
붉은 강물에 얼굴 씻는 나루에서
늦도록 새끼 줄 땟거리 찾는
해오라기의 소스라침을 보라.
멀리
찌든 날, 휜 허리에 쟁기 매고
꾸벅꾸벅 풀물에 젖는 지게 다리 두드리며
누렁소 앞세워 돌아가는
농부의 졸타령이 물에 젖는
해질녘 금강을 유유히 흘러보라.
어디 막는다고 멈출 수 있는 강물인가
눈여겨 더듬어보라.

잡초 걷어내듯 우거진 슬픔 걷어내며
등잔불 심지 돋우듯 살아가는
저 강물 같은 사람들을 보라.

초설初雪

아궁이에 불을 지펴도 시린 날
뼈가 삐걱 엇갈리는 소리에
흙으로 돌아가는 이치를 알겠다.

자작나무 사이로 달려온 바람
먼발치 다랑논에 첫눈이 내리나니
산비알에 심은 우리 사랑 얘기
바랭이 마른 밭의 붉은 능금이다.

뻐꾸기 울던 날 그리며
녹슨 목소리로 푸른 날 불러도
산 빛 별 빛으로 익은 열매는
위태한 가지 끝의 둥근 울음 달.

나 울고 너 웃던
짧은 봄, 긴 여름을 보내고
가을을 축내는 텃새의 날개깃에
여문 풀씨를 실어 날린다.

맑은 바람소리 흐르는 강가
달빛에 조급한 호흡을 뿌리며
버들가지가 새처럼 운다.

굿 모닝

구름 걷히고
여명이 밝아오듯
마음 푸르게 열려라

서둘지 않아도
그 눈빛이 어둠을 여니
수척한 얼굴에
검은 물살이 걷히다

촛불을 꺼도
동천 우련히 붉으니
꽃피는 아침은
울어도 고와라

가슴 가슴
어둠 다 저물고
하늘빛으로 깨어라.

넌 너대로

부담 갖지 마라
잘 익지 않아도 된다
넌 너대로 익으면 된다

닮으려고 애쓰지도 마라
기도가 뜨거웠으면 빨갛게
덜 뜨거웠으면 노랗게
네 분수만큼 물들면 된다

가을은 함께 익어 넉넉하고
서로 어우러져 아름다운 것

꽃과 바람과 하늘빛이
크고 작은 색다른 나무들이
한여름 뜨겁던 심통을 버리고
함께 창천을 곱게 달구듯

시샘과 원망 없이
너도 타고난 네 품성대로
세상에 어우러지면 된다.

일출日出

적소適所에 은총으로 떨어져
따개비만한 생애를 살다.

일식日蝕에 붉은 해가 먹히듯
꽃피고 향기로운 날
놀빛에 차마 울며가다.

달빛 일어 푸른 길
은자隱者의 걸음으로 떠돌다
새벽닭 울음소리에 깨다.

난고難苦의 물길 끝에
다시 어둠을 뚫고 떠오르다.

내가 더 밉습니다

단풍잎 같던 아내의 손이
닳아서 실핏줄이 다 보입니다.

밤에는 다리가 아려서
아이고 아이고 잠을 설칩니다.

화살촉 같은 세월이 달아나며
아내의 몸에 재를 뿌리고 갔습니다.

신음소리가 들릴 때마다
내 간이 한 점씩 떨어져나갑니다.

세월이 정말 밉습니다.
아니, 내가 더 밉습니다.

낮달

생각하는 갈대들이
뼈만 남아 서걱인다

허튼 웃음들이
삭풍에 우르르 털려나가고
허공에 나부끼는 혈흔

섬광의 세월
황량한 벌판에 홀로 서
온몸으로 비명하는
흘린 젖가슴 둔덕으로
서늘한 바람이 인다

텅 빈 하늘에 부초처럼 누운
내 한줌의 영혼.

회원 작품

《시조》

김동민 이소라

회원 작품

김 동 민 시조시인

약력

- 1940년 충남 부여군 외산면 가덕리 출생
- 백강문학회 대전문인협회 호서문학 문학사랑
- 가람문학 동구문학회원
- 양성서도회 대전미술협회 회원
- 시조집 『진달래 아리랑』
- 『산으로 간 바다』
- 『어머니의 감나무』
- 『어머니의 새벽달』

작품

• 금강 • 청자 • 한계령 설화 • 할미꽃 • 황국 • 진달래 곱게피면
• 강변풍경 • 오월 • 눈오는 날이면 • 골목의 끄트머리

금강

뜬봉샘 발원하여
구비구비 천리길
보일락 숨어드는 정겨운 비단물결
솔바람 햇살을 풀어
눈이 부신 강이여.

하늘빛 고운가슴 청산에 길을내고
뜸부기 울어울어 황금벌 살찌우는
풍요의 젖줄이어라
사랑스런 강이여.

은하는 여기내려
영겁을 흐르는데
왕조는 어데가고 백로떼 한가론가
계백 혼 일깨우거라
아! 우리 금강이여.

청자

어느 뉘 혼령이기
이리맑은 숨결인가
매운 손끝 영감으로 살려낸 푸른 목숨
천년송 하늘언저리
나래치는 학이여.

연옥의 불길에서 건져올린 뜨거운 넋
달 별빛 버무려 빚어낸 파란 가슴
고요의 맑은 숨결에
일렁이는 고려하늘.

바라보고 매만지면
맥이도는 동해바다
안으로 안으로 사려담은 상감청
슬기의 푸른 강줄기
유장한 조국이여.

한계령 설화

하늘에 닿은 숨결
태고로 이은 몸짓
바람도 경외로워
삼가삼가 스치는가
이 순수 황홀한 비경
내가 나를 두고간다.

할미꽃

황홀한 장미였지 입맞추던 그시절은
언덕배기 월셋방 초승달이 엿보고
달콤한 사랑이야기
날새는줄 몰랐지.

전셋집 양옥집 아파트로 옮겨가며
가지줄기 자라나고 가시가 무뎌져서
장미는 게놈 바뀌어
호박꽃이 되었지.

세월강에 떠밀려 활처럼 휘인허리
삼식이 챙기느라 끙끙대는 하루하루
어머니 무덤옆 피는
애처로운 할미꽃.

황국

매운바람 무서리는
앞서가는 길라잡이
청사초롱 아니라도 가을빛 환한둘레
기러기울음소리에
노란꿈이 여문다.

청태낀 기왓골엔 전설이 골물지고
은하수에 씻기운달 교교히 기우는밤
임그려 애달픈 사연
틀어올린 어여머리.

안으로 타는소망
송이송이 애린 금빛
청자빛 하늘 이고 대낮을 밝힌 화관
매운피 오상고절에
은장도가 눈부시다.

진달래 곱게피면

진달래 곱게피면 고향이 보입니다

졸졸졸 정겨움에 버들개지 눈뜨고

쟁끼놈 목청을 높여 사랑노래 부른다.

논두렁 밭두렁 파릇파릇 봄소식

봄을캐는 소녀들의 웃음소리 굴러가고

이러루 밭가는 농부 풍년꿈이 이랑진다.

옹달샘길 따라서 오고가는 물동이

모락모락 저녁연기 구수한 된장냄새

뽀오얀 무명 앞치마 어머니가 보입니다.

강변풍경

노송을 품은정자
전설이 기름지고
옛스런 황포돛배
빗겨나는 백로 한쌍
나그네 시름을 잊고
한마리 새가된다.

오월

오월의 바람은
향기를 앞세운다
양떼처럼 몰려오는 그윽한 아카시아
골짜기
골짜기 마다
치렁치렁 푸짐하다.

숲속에 흐드러진
순백의 너털웃음
바람 햇살 뒤엉켜 드러내는 뽀얀 속살
분냄새
질펀한 골짝
오월이 싱싱하다.

눈오는 날이면

눈오는 날이면
하염없이 걷고싶다
뽀드득 뽀드득 추억을 따라가며
밀물져 오는 그리움
어깨동무 하고서.

인파로 북적대는 저잣거리 벗어나
너붓너붓 정겨움이 내려앉는 오솔길
헐렁한 시간속으로
나 홀로 걷고싶다.

지난날 노여움들
한 생각 돌려앉혀
쫀쫀한 어두움의 사슬이 풀리면
내안의나를데리고
하얗게 걷고싶다.

골목의 끄트머리

맹물같은 하루가 어둠속에 잠기면

허허로운 일상에 생각은 깊어지고

지우지 못한 길들이 서리서리 엉킨다.

버릇같은 향수는 그리움의 두레박

마셔도 마셔도 허기지는 고향산천

뒤안길 아득한 거리 주마등이 켜진다.

어둠을 새김하는 침묵의 날선촉수

별을지워 꿈을 묻고 바라보는 저건너

어둠의 울타리들이 키를 조금 낮춘다.

회원 작품

나요당羅謠堂(이소라) 시조시인

약력

• 서울대학교 법과대학. 음대 졸업

• 농요연구가. (예술)철학박사.

• 2001년 수필집 『농요의 길을 따라서』로 문단에 나옴

• 2010년 《다시올문학》 신인상

• 저서: 『경북지방 논매기 총서』 외78권,

• 논문 160여편

• 수상: 문화훈장(2017), 자랑스런 경기인상(2022)

• E-mail: minjokeumak@hanmail.net

작품

• 행운목 • 맹꽁이 • 금수폭포 • 패스 • 수의

• 전승자 • 어떤 얼굴 • 묵은 편지 • 길 1 • 길 2

행운목

수년간 결실없어 잘리운 몸 가지고
맨 밑둥 분재에서 꽃 몽우리 돋았네
꽃피면 잔치 열꺼야 속삭임을 들은 듯.

임인년 새해 밝힌 열송이 다다닥닥
두송이씩 짝을 지어 쭈욱죽 뻗더니만
매 송이 설흔개씩의 꽃잎 내고 정렬을.

곳곳이 통통한 볼륨을 자랑터니
그 볼륨 꺼지면서 침 하나씩 돋았지
마지막 인사나 하듯 거실가득 향기가.

일찍이 만났다면 식물학자 됐을 수도
디지털 아날로그 융합의 지구에서
놀라운 식물의 세계 숙연해진 나그네.

맹꽁이

라솔로 짝부르는 연못의 맹꽁이
때로는 미로 깔어 구성짐을 더하네
수통골 아파트단지 유월하고 그믐 낮

나도야 소리 내면 시원함을 더할까?
혼탁한 세상에서 한줄기 빛처럼
저같이 우렁찬 소리 내어봄직 하여라

금수폭포

금수봉 애기폭포 사시장천 물 내리고
탐방객 끼리끼리 사랑방 이루네
혼자서 산길 걸어도 두려움이 없는 곳

큰 폭포 아니라고 소침할 필요없고
산골물 졸졸졸 새끼도롱 갸우뚱
오늘도 꽃비 맞으며 찾아드는 나그네

패스

식당엘 갈래도 큐알 패스 요구된다
전문가의 연구 내용 들여다 보고서도
내용은 중요하잖고 입장권은 소속처

내용보다 형식이 중요한 미래세대
신속성 찾다보니 내용은 뒷전이다
진실은 감아 돌아서 모른다네 갈 바를

수의

덜구소리 울리고져 토장을 택하고서
구더기가 무서워 삼베옷 지었다네
입고서 치어다보니 숙연쿠나 먼 일이

부엉산 오르막길 호젓이 올라가도
무서움 섬짓하여 뒤돌아 보는 마음
훗날에 지구별 떠나 유영해갈 우주여

참으로 난감일세 닥쳐올 그 일이
하루를 살면서도 이별을 준비하고
생각을 다지면서도 흩날리는 사념들.

전승자

이 땅에 있는 동안 능력을 기르세요
선율을 듣는 능력 활자를 읽는 능력
막간에 숨어있는 뜻 찾아지면 나의 것

한 톨을 주워들고 먼길을 떠나가네
때로는 기쁨 있고 때로는 낙담하나
오롯이 붙든 것 있어 신념으로 외길을.

어떤 얼굴

우주속 던져놔도 한반도 찾아들고
삼천리 금수강산 제 위치 찍어내니
농요를 나비게이숀 이라 해도 좋을 듯.

묵은 편지

해 묵은 서류 상자 화석처럼 잠들었던
옛 자료 정리하다 눈에 뜨인 날림 글씨
지금은 책 속에 숨겨
오랜 인연 전하네

사람도 꽃인 것을 실감하는 이 아침
어린아이 성장하여 유명인 되어있듯
식물만 꽃 피우는 게
아니라고 말하네

길 1

나는야 꽃 사랑 한다고만 여겼는데
이제야 바라보니 꽃의 세계 놀라워라

안보이던 게 보이고
무심했던 게 닥아오고
내 부족함도 보이고
잘 했던 건만 아닌게 느껴지는

그것이 주름져가는 모습인가 보더라

길 2

이웃과 나의 모습 비교가 될 때에는
실망을 하지말고 꽃피우자 하더라
저마다 작은 꽃임을 잊지말자 하더라

회원 작품

《수필》

박숙자 안태승 이정희

회원 작품

박 숙 자 수필가

약력

- 전북 전주 출생
- 대전 MBC 2회 백일장 대회에서 산문부 최우수상
- 『호서문학』『수필과비평』등단
- 한국문인협회, 수필과비평작가회의
- 호서문학회, 전원에서 작품 활동
- 수필울 동인회.
- 수필과비평 문학상
- 수필집: 『때때로 찍는 쉼표』 • 수필선: 『꽃이 온다 봄이 핀다』 『지느러미의 여유』
- E-mail: agnes-psk@hanmail.net

작품

- 얼굴자국 • 군맹무상 • 내 품안의 퇴계선생 • 가려움증이 도지다

얼룩자국

조간신문으로 하루를 연다. 정치, 사회면을 거쳐 문화면에서 시간을 끈다. 오늘은 정해창의 '망태를 멘 아버지와 아들'이란 사진을 감상한다.

'눈길을 걷는 두 사람, 아버지와 아들이다. 모자를 눌러 쓰고 두툼한 외투를 입은 부자의 뒷모습이 언뜻 정겹게도 힘겹게도 보인다. 어느 쪽일까? 날이 흐려 그림자도 없으니 한낮인지, 해질녘인지도 도통 알 수가 없다. 아버지의 등짐은 무거운지 가벼운지, 아들의 얼굴은 야위었는지 통통한지, 집에서 나오는 길인지 돌아가는 건지…. 정답 없는 질문들이 사진의 깊이를 더한다.' 『조선일보.2022.02.11.'마음으로 사진읽기에서'』

심호흡을 한다. 한 장의 흑백사진 앞에서. 아버지…, 불러보는 것만으로도 마음이 시리다. 그분은 그리 오래 사시지 못했다. 지금의 내 나이보다 조금 더 사셨으니까, 내성적인 성격에 말수가 적었다. 자녀들에게 큰 소리 한 번 낸 적 없지만, 정작 본인에게는 엄격했다. 퇴근 후, 손에 잡은 책은 아버지의 유일한 친구이자 취미생활이었다. "책과 결혼했냐"는 어머니의 불평에도 별 반응을 보이지 않았다. 주위에서 법 없이도 살 양반이라는 평판은 이재에 밝지 못한 아버지를 그리 에둘러 표현했나 보다. 돈과 거리가 멀었기에 삶의 무게, 또한 만만치 않았을 거다. 어머니의 강한 생활력은 그런 아버지와 사는 한 방편이었음을 짐작한다.

아버지의 환한 웃음은 우리들이 좋은 성적을 받아 왔을 때다. 여느 아버지들처럼 자녀 교육에 열의를 보였다. 새 교과서의 표지를 질긴 포장지로 싸주고, 검정 노끈으로 묶은 연습장을 골고루 나눠 주며 등을 도닥여 주셨다. 아버지의 손바닥은 언제나 따뜻했다. 그런 아버지였음에도 딸의 등록금 보다 조카 녀석의 등록금을 더 걱정했다. 그날 밤도, 큰조카 등록금을 챙기라는 아버지의 선전포고에 어머니는 결사 항전했다. 윗돌 빼서 아랫돌 괴는 어머니의 셈법으로는 무리였다. 어머니의 완강한 저항으로 판세는 끝났다. 마당가에서 아버지의 담배 연기가 밤새 맴돌았다.

아버지는 평소에도 담배를 즐겼다. 내가 첫 월급을 받고, 질 좋은 담배를 한 보루 사서 드렸더니 아버지는 담배냄새를 맡으며 흐뭇해 하셨다. 흡연이 건강의 적이라기보다 긴장해소에는 약도 된다는 생각을 하던 때다. 나 역시 아버지의 흡연을 그리 심각하게 느끼지 못했다.

그러다 아버지의 직장업무에 사건이 터졌다. 그때나 지금이나 공직사회의 현실은 변한 게 없다. 공功은 윗사람이, 책임은 아랫사람이 진다는 것이. 그 시절, 그 부서에 있었던 것이 화근이라면 화근이었다. 애초부터 위험부담을 안고 있는 사안事案이었다. 일개 사무관 선에서 기획된 일이 아님을 관가에서는 다 알고 있었다. 희생양이 필요했고, 아버지는 직위해제를 당했다. 책임소재를 규명하는 소송기간은 길었다. 대법원에서 복직 판결을 받기까지 몇 년의 세월이 지나갔다.

즐기던 담배가 건강을 해칠 정도로 깊숙이 아버지 몸을 파고들었다. 명예는 회복되었어도 건강은 잃은 뒤였다. 주치의의 금연 처방도 별 효과를 보지 못했다. 병을 악화시킨다고 가족들 모두가 아버지와 담배를 떼어 놓으려 감시자가 되었다. 애처가로 소문난 아버지임에도 어머니와의 금연 약속은 지키지 못했다. '모든 것이 원래대로 돌아왔으니, 남은 삶은 사는 것처럼 살자'는 어머니의 눈물은 통한으로 끝났다.

아버지를 산에 모시고, 며칠 후 베란다 구석진 곳에서 빗물에 흠씬 젖은 담배꽁초를 발견했다. 언제 여기서 이렇게 몰래 피우셨나? 그마저도 마음 편히 못 피셨구나. 어느 누구도 담배 한 개비만큼의 배려도 보이지 않으면서 '금연이 건강'이란 말로 아버지를 또다시 벼랑 끝으로 내몰았다. 결국 손에서 놓지 못한 담배는 혼백인 양 꽁초 부스러기가 되어 구석진 베란다에서 모습을 드러냈다.

'나 힘들었다….'

부스러져 잔재殘滓만 남은 담배꽁초는 속으로 곪은 아버지의 흔적이요. 마지막 외침이었다. 형태를 잃은 꽁초는 누런 빛깔의 얼룩을 남겼다. 산뜻함과는 거리가 먼, 빛바랜 누리끼리한 색은 한 가정을 지켜온 가장의 색깔, 아버지의 고단한 심성을 보여준다. 지금처럼 한두 명도 아니고, 여덟 명의 자녀를 둔 아버지는 든든함에 배불렀고 고단함에 배가 고팠을 거다.

신문에 게재된 사진 속의 아버지는 젊다. 그는 잘 손질된 두루마기를 입고 있다. 눈 덮인 벌판에 하얀색 두루마기와 검정 외투가 대조를 이룬다. 아마도 큰댁에 세배라도 가는 걸까. 아버지는 꼿꼿한 허리로 불어오는 북풍을 막으며 아들을 앞세워 걷고 있다. 보호해 주고 보호받고, 구식과 신식의 세대 공간에서 부자父子의 정이 막역莫逆히 흐른다. 열 마디 말보다, 머리 한번 쓰다듬어 주던 우리 아버지들은 그렇게 묵묵히 가족을 지켰다.

내게도 그런 아버지가 계셨다. 이제 북풍을 막아드릴 차례인데, 무심한 세월 앞에서 그분의 기억만이 존재한다. 돌아오지 않는 것들, 때를 놓친 미안함에 눈물조차 누런 색깔로 혼탁하다.

군맹무상群盲撫象

문이 열린다. 순간 당황했다. 헐떡거리며 씩씩대는 큰개가 엘리베이터 안을 제 안방처럼 차지하고 있지 않은가. 보통의 애완견과는 달리 이 개는 얼추 작은 송아지만하다. 아파트 안에서 저런 큰 개를 키울 수 있나, 처음에는 놀랐고 다음에는 화가 났다. 그러고 보니 개주인의 얼굴이 낯설다. 당황하는 나를 보더니,

"괜찮아요, 아주 순해요."

주인인 자기한테는 순둥이 일지 몰라도, 타인인 내겐 충분히 위협적이다. 도저히 그 개와 동승할 자신이 없어 먼저 가라고 했다. 솔직히 개가 무서웠다.

바짝 마른 개 두 마리가 가파른 언덕 밑, 수로관 근처를 서성인다. 윤기 없는 털을 힘겹게 추스른다. 울퉁불퉁 드러난 갈비뼈의 앙상함이 녀석의 오랜 허기를 짐작할 수 있다. 차 소리나 인기척만 나면 관管속으로 들어 가 도통 나오지를 않는다. 그 개는 사람을 잘 따르는 순한 '리트리버'종種이란다. 그런데도 소리에 극도의 공포감을 나타내며 몸을 숨기는 개에게 어떤 사연이 있을까. 시청하면서 내내 마음을 졸였다. 위협자로부터 느끼는 공포감은 사람이나, 동물이나 똑같은가 보다. 개의 공포감을 안방에서도 실감했으니까.

생전의 시아버님께서 '인정이 없는 사람이 동물을 싫어한다'고 하셨다. 아버님의 애완견 '치와와'에게 관심을 보이지 않는 섭섭함을 에둘러 그리 말씀 하셨는지 몰라도, 듣기 민망했다. 아주 틀린 말씀을 하신 것은 아니다. 사실 동물을 좋아하진 않는다. 더군다나 시댁에는 까만색의 큰 개가 있었다. 품종이 무엇인지 모르겠는데, 이 개가 아주 맹랑했다. 곧잘 새댁 길들이기를 했다. 시아버지께서 타지에서 근무하신 적이 있었다. 토요일에 본가로 오시는데, 금요일부터 우리는 비상에 들어간다. 텃밭의 잡초제거, 화단 정리, 닭장과 개집의 청

소 및 먹이통 점검, 등등. 시댁 일을 도맡아 하는 도우미가 있어, 그녀의 부지런함에 수저 하나 얹는 철부지 새댁임에도 돌아가는 판세는 알 수 있었다. 개나 닭을 잘 관리하는 것이 도우미와 며느리의 임무라는 것을. 그런데 문제는 아버님이 집안 안팎을 돌아보실 때 일어난다. 그 개가 무슨 영문인지 맛있게 끓여 준 음식을 달싹 엎어버린다. 아버님은 차마 며느리에게 말씀은 못하시고, 애먼 도우미를 나무란다.

"개도 먹게끔 주어야지, 사람하고 똑같다…."

알 수가 없었다. 왜 시아버지 앞에서 맛있는 먹이를 뒤엎고 날뛰는지. 콩쥐를 괴롭힌 팥쥐엄마를 고발하는 것 같았다. 그 속은 알 수가 없고, 속을 알 수 없으니 더욱 난감했다. 좋은 기억이 없는 개와의 인연이다. 사람과 동물, 마치 남녀 같다. 둘 중에 누가 먼저 호감을 표시해야 하는지, 헷갈렸다.

며칠 전, 강변 산책로에서다. 젊은 부부가 고급 유모차를 밀면서 온다. 그 모습이 정겹다. 아이는 또 얼마나 귀엽고 예쁠까. 아기와 눈이 마주치면 윙크라도 해줄까. 사랑의 눈길을 보내고 싶다. 스치는 순간, 하얀 강아지가 까만 눈을 똘망거리며 도리어 나를 쳐다본다.

도도한 강물보다 더한 기세로 동물들이 사람의 자리로 들어온다. 아예 상석에 앉는다. 세상의 흐름이고 물리칠 수 없는 대세다. 선진국에서는 유산까지 남기는 추세라니 애완동물에 대한 호, 불호 감정을 따질 수는 없다. 검정색이 좋은가, 하얀색이 좋은가를 묻는 것처럼, 틀림이 아니고 다름의 차이다. 성격과 취향의 문제다.

이젠 '애완'의 단계를 넘어 '반려' 수준이다. 반려伴侶. 짝꿍이란다. 사람과 짝을 이뤄 함께 산다는 뜻으로 해석된다. 동물에게서 반려를 찾는 현대인의 고독과 외로움이 원인일 것이다. 그러나 모든 일에는 빛과 그림자가 있다. 적어도 사랑한 만큼, 위로 받은 만큼의 책임은 져야 하는데, 현실은 그렇지가 않다. 제발 과도하게 예뻐하지 말고, 싫다고 아무 곳에나 버리지 말았으면 싶다. 만남도, 헤어짐도 인간이 결정하기에, 사람을 잘 따른다는 리트리버조차 극도로 불안에 떠는 상황을 보니 더욱 그렇다. 때론 유기견으로 떠돌다 사람을 공격하기도 한다. 개에게 물려 죽은 사람의 안타까움이 며칠 전에도 뉴스를 탔다. 그런가 하면 생을 마감하는 애완동물에게 수의는 물론, 장례식을 치루고 추모식까지 갖는다. 옳고 그름을 떠나 무엇이든지 적절한 것이 좋지 않을까.

반려동물을 키우는 인구가 1500만이 넘는다는 통계다. '반려'라는 이름으로 인간화되는 동물의 감정변화가 두렵다. 워낙 사람을 잘 따르고 집안의 서열을 정확하게 구분한다. 영리하다보니 사람의 언어까지 배우지 않을까 싶다. "사랑해, 고마워, 미안해"보다 "왜" "싫어" "안돼"를 외치다 "내 고향으로 날 보내줘" 하며 데모를 할지도 모른다. 주인의 마음을 사로잡고, 그 품속에서 살고 있는 애완동물의 침묵을 지금은 알 수 없다. 그러나 침묵 속에 배반의 장미가시가 돋지 말란 법도 없다. 동물은 동물이다. 동물이 사람일 수는 없다. 사람은 사람세상에서, 동물은 동물세상에서 사는 게 답일 것 같은데…. 가축과 반려동물의 차이가 뭘까.

동물과 진한 교감을 나눠 보지 않은 인정 없는 사람의 편견이라 해도 할 말은 없다. 장님이 코끼리 만지는 형국처럼 식견 좁은 내 생각에만 머물러 있어, 높이 멀리 보지 못함을 인정한다. '사람하고 똑같다'라는 말씀이 귓전에 맴돌지만, 왠지 편치 않은 심사心思다.

내 품안의 퇴계선생

'울다가 웃다가 길을 걷는다….'는 노랫말처럼, 감정의 기폭이 너울댔다. 울었다는 말은 너무 비약한 표현이고, 아무튼 씁쓸한 감정을 경험했다. 긴한 모임이 있어 서울 나들이를 했다. 고속열차는 커피 한 잔을 채 비우기도 전에 대전 사람을 서울 역에 내려놓는다. 번잡한 서울에서 목적지를 찾아 가는 데는 역시 지하철이다. 지하철 카드를 발급받으려면 경로자는 카드자판기에 신분증과 오백 원을 넣어야 하는 시스템이다. 천 원을 넣었다. 나와야 할 카드가 깜깜이다. 이리저리 시도해도 먹통이다.

"이쪽 자판기를 이용하세요."

남자의 음성이다. 도우미인가보다. 이런 일에 익숙하지 않은 사람이 어찌 나뿐이겠는가. 지하철공사의 배려라고 짐작하니 고마웠다. 남자는 이런 일에 이력이 난 듯, 먹통 자판기가 밀어낸 천 원을 익숙하게 뽑는다. 그의 조언대로 옆쪽 자판기를 이용하니 순순히 카드가 발급된다. 일단 급한 불은 껐다. 조금 전 자판기에서 꺼낸 천 원을 달라고 하니 얼굴을 쓱 돌린다. 돈은 이미 남자의 호주머니 속으로 들어갔다. 시비를 가릴 틈도 없다. 황당했다. 눈 뜨고 코 베인 꼴이다. 그럼 고장 난 자판기도 이 남자의 소행인가? 순간 당하고, 때 늦은 의심이다.

한동안 지하철 사건으로 찜찜했었다. 어이없이 당한 천 원은 누구에게 말도 못 하고, 남자를 도우미라 믿은 자신이 부끄러웠다. 솔직히 나이만 먹었지, 아직도 세상물정 어둠에 자책했다. 큰돈이 아니기에 별거 아니라고 생각하면 별것이 아니지만, 사람 마음이 어디 그런가. 금액을 떠나 자의와 타의의 차이는 컸다. 더러 터미널에서 차비가 없다고 손을 벌리는 사람을 본다. 도와주든지, 말든 지는 내가 결정한다. 이번 경우는 그 결정권조차 뺏겼다.

유성장날이다. 폭염과 장마 속에서 채소가 실종되었다. 장터를 지키는 몇 가지 채소마저 싱싱함을 잃고 이파리가 시들하다. 역시 신토불이다. 함지박을 채운 호박과 호박잎이 눈길을 끈다. 부드러운 호박잎을 알맞게 쪄서 양념장을 곁들이면 여름 밥상의 별미다. 한 묶음에 2천 원, 세 묶음을 5천 원에 가져가란다. 넉넉한 호박잎에 벌써 입맛이 돈다. 세 묶음을 샀다. 돌아서는데

"엄마, 여기 천 원 가져가요."

'엄마라니, 나는 아니겠지' 하면서도 돌아본다. 분명 다섯 장을 세어주었는데 한 장이 더 갔나? 그녀가 천 원을 들고 소리친다.

"하나는 양이 적어서…."

어눌하지만 분명한 의사 표시다. 발음이 또렷하지는 않지만 뜻은 정확하게 전달된다. 살펴보니 우리와 비슷한 듯, 그러나 결이 다른 이주여성이었다. 한 묶음은 양이 적어 그 돈을 다 받을 수 없다는 말이다. 대체로 장사꾼에게 준 돈을 돌려받는 경우가 흔하지 않기에, 얼결에 받고 당황했다.

불쾌함이 앙금처럼 남았는데, 유성 장에서 겪은 일은 새로운 반전이다. 이주여성에 대한 편견을 바로잡는 계기가 되었다. 가끔 이주여성의 불미한 사건으로 그녀들을 폄훼하는 경우가 있었다. 그러나 오늘 본 그녀는 비록 장터에서 호박잎을 팔더라도 물건 양만큼 돈을 받겠다는 올곧은 생각을 하고 있다. 그녀의 건강한 자존심과 정직함이 전이된다. 갈증 끝에 마신 냉수처럼 시원하다. 열심히 정직하게 사는 이주여성이 더 많다. 우리의 어머니나 누이들처럼. 그래 그렇게 사는 거야.

최근, 천 원에 얽힌 일들이다. 푸르스름한 천 원짜리 지폐에 남자와 여자가 겹친다. 시골 아줌마를 속일 수밖에 없는 남자의 사정도, 그냥 지나쳐도 되련만 돈을 돌려 준 이주여성의 마음도 가늠해본다. 등에 업힌 삶의 무게가 만만치 않음에도 덜어내는 방법은 각각이었다.

천 원의 가치가 옛날 같지는 않아도, 천 원 없이는 만 원을 채울 수가 없다. 천 원이 만 원만큼의 무게를 갖는 이유다. 이런 절대 진리를 증명이나 하듯 퇴계선생은 의연하게 천 원권을 지킨다. 타인을 배려하고, 더불어 살아가는 지혜

를 가르치는 퇴계선생이 내 지갑에도 터줏대감처럼 버티고 있다. 그런 삶을 살라는 듯. 가장 낮은 단위인 천 원권, 그 한 장으로는 이제 김밥 한 줄 못 사고, 시내버스조차 타지 못 함에도 내 마음을 쥐락펴락 한다.

사소하지만 결코 사소하지 않은 것이 우리의 일상사다. 때론 잃기도 하고 얻기도 한다. 그래서 '더하고 빼면 결국 같다'라고 하지 않던가. 삶의 가성비는 결코 지폐의 액면을 따지지 않음을 실감한다.

가려움증이 도지다

핸드폰에 같은 번호가 쭉 찍혀있다. 누군가 내게 긴한 연락을 취하려고 한 것 같다. 수신된 번호로 전화를 걸었다. 뜻밖에 영안실이다. 부고였다. 자의로 생명 줄을 끊은 그녀의 죽음을 알린다. 소름이 돋고, 머릿속이 멍해졌다. 멀리서 소리가 웅웅거린다. 상황판단이 안 된다. 왜? 어째서?

글공부 명목으로 대여섯 명이 모였다. 또래다 보니 글보다 말이 먼저였다. 살면서 겪는 애로사항은 네 사정, 내 사정 가리지 않고 마음을 터놓았다. 실제로 자매보다 더 가깝게 지냈다. 컴퓨터 자판에 익숙하지 않은 그녀는 '첫 사랑이 저벅저벅 걸어온다.'는 한 줄 때문에 컴퓨터기사에게 워드를 부탁했다는 말에 우린 박장대소했다. 그동안 남편이 워드작업을 해줘서 원고를 제출했다. 그런데 남편이 이 글을 보고 혹여 오해할까봐, 부탁을 못했다니 그녀의 수줍음이 완전 열여덟 소녀였다.

그런 그녀에게 소리 없이 불행이 다가왔다. 불행은 어느 모퉁이에 숨었다 불쑥 튀어 나와 사람의 숨통을 조인다. 그녀 남편에게 암이 발병했다. 지금은 많은 사람이 암을 이기고 건강을 찾는데, 그 때는 사형선고나 다름없었다. 상의할 친척들은 이민을 갔고, 하나 뿐인 아들은 학생 신분이었다. 입원과 항암치료가 시작되었다. 간병을 위해 모임에서 빠진다는 그녀가 안타까웠지만 잡을 수가 없었다. 글도, 친구도 좋지만, 남편이 아프니 그것보다 더 급하고 긴한 일은 없었으니까. 남편의 건강이 회복되면 만날 거라는 희망을 가졌다, 최선의 선택이라 믿고 우린 그녀의 긴 방학을 인정했다.

후에 들었는데, 그녀의 건강상태도 좋지 않았다고 한다. 아픈 남편과 아픈 그녀가 하루를 보내는 것은 끝이 보이지 않는 불안감의 연속이었다. 부부의 건강을 보장하기 어려운 상황에서 그녀는 많이 우울했다. 24시간 환자와 붙어있는 것이 최선의 간병이 아니었음을 뒤늦게 알았다. 출구가 보이지 않는 터널 속은 깜깜했다. 갇혀 버렸다는 절망감이 그녀를 감쌌다. 그녀의 죽음 앞에서 우리들은 할 말을 잃었다. 친구도 만나고, 걱정거리 짐도 털어놓았다면 그렇게 극단적인 선택까지는 하지 않았을 것 같은데, 그때는 몰랐다. 그런 사정을 몰랐다는 변명은 영정을 맴도는 연기처럼 모아졌다 흩어졌다. 미안하고 허망했다. 유난히 하늘빛이 시리게 파랗던 가을날, 그녀는 한 줌의 재로 돌아왔다.

돌아보니 글 모임이 그녀에겐 산소 공급처였다. 엄마의 부재로 할머니 손에서 자란 피붙이들의 우애는 대단했다. 이민으로 떨어진 혈육이 보고 싶어 많이 울었다. 이민을 고민했지만, 남편은 고향에서 잠들기를 고집했다. 평행선의 합치는 어려웠다. 그때마다 글을 쓰며 자신을 다스렸다. 내면을 살피고, 치유의 과정을 걷고 있었는데. 우린 바람결이 차다고 창문을 닫아주었다. 손 내밀지 못한 미안함이 자책으로 돌아왔다. 누구랄 것도 없이 우리들은 함구했고, 서서히 멀어졌다.

언제부터 시작된 가려움인가? 눈동자가 가려운지, 눈 주위가 가려운지, 아무튼 가렵다. 필시 눈병인가 보다. 몸이 보내는 이상 증세는 경,중을 가리지 않고 걱정부터 앞선다. 아마도 나이 탓이겠지만. 그동안 건강한 편이어서 병원 출입을 거의 하지 안했다. 그런 자만도 잠깐, 가려움을 견딜 수 없어 안과를 찾았다. 나의 걱정과는 달리 의사는 작년에도 이 증상으로 내원한 적이 있다며, 알레르기 증세란다. 처방전을 받아서 약국으로 들어갔다. 늙수그레한 약사는 진력이 난 표정으로, 약을 기다리는 환자들을 무표정하게 바라본다. 복약을 설명하는 약사의 목소리가 앵앵거린다. 알아듣기 어렵다. 이젠 귀까지 알레르기가 생겼나?

알레르기를 과민반응이라고 한다. 알레르기를 일으키는 항원들은 우리 주변에서 흔히 발견할 수 있다. 발전된 사회일수록 알레르기와 불가분의 관계에 놓여 있다고 한다. 몸과 마음을 가리지 않고 알레르기는 증상을 보인다. 재채기, 콧물, 가려움증으로 나타나면서.

젊은 날, 친구의 죽음은 내게 위협적이었다. 그녀가 떠난 가을이 되면, 슬금슬금 가려움증이 도진다. 눈 주위가 근질거린다. 아예 눈동자까지 가렴거리는 착각에 빠진다. 일 년 중 가장 쾌적하다는 가을임에도 가려움증은 멈추질 않는다. 결국 약을 먹고, 치료를 받아야 물러간다.

가려움도 그리움도, 감당하기에는 벅차지만 친구였던 내 몫이라 생각한다. 일찍 떠난 그녀에게 안부를 전한다. 약속했던 글공부 지금도 하고 있다고. 국화꽃향기에 그리운 마음을 담아 파란 하늘에 띄워 보낸다.

회원 작품

안 태 승 수필가

약력

- 〈오늘의 문학〉으로 등단 (2000년)
- 수필집: 『만남과 인연』(2005년)
- 『삶의 쉼표』(2012년)
- 수상: 황조근정훈장 (2006년)
- 옥로문학상 (2014. 1)
- 대전펜문학상 (2016년)
- 한국문협 한국수필가협회, 대전수필문학회회원 외 여러 문인단체 회원
- E-mail: ahnts43@hanmail.net

작품

- 한국의 두 청년 영재 이야기 - 수학 허준이, 피아니스트 임윤찬
- 나훈아의 노래 인생 • 금산 월영산 출렁다리를 건너다
- 오영수, 세계인의 깐부되다

한국의 두 청년 영재 이야기

- 수학 허준이, 피아니스트 임윤찬

허준이교수가 올해에 한국인 처음으로 수학의 노벨상으로 불리는 필즈상을 받아 모처럼 기초학문 분야에 사회의 관심이 쏠리고 있다.

한국은 1981년 국제수학연맹에 가장 낮은 등급 제1그룹 국가로 가입했지만, 올해 3월, 허준이교수의 필즈상 수상으로 세계 최고등급 제5그룹 국가로 승격하는 기적을 만들었다. 이러한 일은 우리나라를 세계적으로 국격을 높이는 자랑스럽고 영예로운 일이다. 허준이는 서울대학교에 재학중 석학 프로그램으로 와 있던 필즈상 수상자 일본의 히로나카 헤이스케교수의 강의를 듣고 나서, 학문에 관심을 갖게 되고, 수학 연구의 즐거움에 푹 빠졌다고 한다.

한편 지난 6월, 반클라이번 콩쿠르에서 최연소로 우승한 18세 피아니스트 임윤찬과 필즈상을 받은 39세 수학자 허준이 프리스턴대학교수의 인기는 거의 신드롬 수준의 인기를 누리고 있다. 예술과 학문에서도 생동하는 한국의 에너지를 실감하는 요즘이다. 두 사람 모두 힘든 제한조건을 돌파하고 상을 받은 공통점이 있다. 4년에 한 번 열리는 콩쿠르와 수학의 필즈상이고, 필즈상은 40세 이상은 수상 자격이 없다. 이 수학자와 예술가에게 시선이 오래 멈춘 이유는 두 사람의 삶과 언어의 아름다움에 매혹되었기 때문이다..

허교수의 수상소감에 이런 대목이 있다. "개인적으로 수학은 저 자신의 편견과 관계를 이해해 가는 과정이고, 일반적으로 인간이라는 종種이 어떤 방식으로 생각하고 또 얼마나 깊게 생각할 수 있는지 궁금해 하는 일입니다." 수학을 수학의 언어가 아니라, 문학이나 예술의 언어로 듣는 경험이었다.

임윤찬의 수상소감이나 인터뷰도 마찬가지다. "콩쿠르에서 우승했다고 해서 제 실력이 더 느는 게 아닙니다. 인간이 언어를 하지 못할 때, 음악을 통해 소통한다고 생각해요. 가장 깊은 아픔을 겪었을 때, 음악이 탄생하죠." 임윤찬은 언어가 불가능할 때, 음악을 한다고 했지만, 이 사려 깊은 말은 그의 힘찬 타건 打鍵 만큼이나 나에게 울림을 준다. 임윤찬은 피아노를 연습할 때, 음악의 세계에 몰입해서 피아노 연주를 했다고 전한다. 아름다운 말을 듣고 있으면, 우리 역시 아름다운 사람이 된다. 나는 이 두 사람의 존재가 우리 시대에도 인문학이 여전히 필요함을 증명하는 모범사례라 생각한다.

허준이는 중학생 때부터 문학에 관심이 많았고, 일반고를 다니다가 시인이 되겠다고 자퇴하고 홈스쿨링을 거쳐 서울대학교에 진학했다. 고등학교를 자퇴하면서 한때 무척 방황하기도 했다 한다. 허준이교수는 먼 길을 돌아 그의 적성을 찾았지만, 그 길을 찾느라 퍽 힘든 길을 걸었다. 허교수는 "너무 조급하거나 집착하지 않길 바란다."고 필즈상 수상 인터뷰에서 밝혔다.

서울대 물리천문학부 학생시절, 허준이가 히로나카교수의 강의를 듣고, 수학의 즐거움을 알게 되고, 깊이 생각하는 힘과 창조의 기쁨을 배울 수 있었던 것은 큰 행운이었다. 히로나카교수는 그의 저서 '학문의 즐거움에서 가까이 지내던 많은 사람이 내 인생의 스승이었다.'고 밝혔다.

시인이 되고자 했던 허준이가 피아니스트가 되고 싶었던 히로나카교수와 문학적 .예술적 감성을 서로 공유할 수 있었던 것이 아닐까?

허준이교수와 히로나카교수는 둘 다 지름길이 아니라 우회도로를 돌아 대학 3학년에서야 수학의 길로 들어섰다고 한다. 우왕좌왕하며 쌓은 그들의 문학, 음악, 철학, 인접과학의 폭 넓은 소양이 수학의 상상력을 키우는데 도움이 되지 않았을까? 허교수는 젊은이들에게 마음이 이끄는 대로 폭 넓고 깊이 있는 공부를 하라고 권고한다.

허준이교수는 8월20일, 김진표국회의장과 오찬을 하면서 수학을 비롯한 기초학문 지원방안을 논의했다. 김의장은 "지성의 한계에 끊임없이 도전하고, 수학의 지평을 활짝 열어준 허교수의 열정과 노력에 뜨거운 박수를 보낸다."며 허교수의 필즈상수상을 축하했다. 허교수는"한국사회에서 교육과 연구가 나아갈 방향이 무엇인지 고민했으면 한다."고 화답했다. 또한 "사회전반적으로 수학적 교양이 높아져 모든 사람이 정확하고 논리적으로 생각할 수 있는 기초

적 학문이 잘 돼 있는 사회가 되었으면 한다."고 말했다.

피아니스트 임윤찬은 금년 8월20일 저녁, 서울송파구 롯데콘서트홀, KBS교향악단과 멘델스존 교향곡 4번을 협연하여 청중들의 우레와 같은 박수를 받으며 공연을 마쳤다고 한다.

우리는 허준이교수의 부모처럼 자녀가 좋아하는 분야를 본인 스스로 찾아 몰입하도록 부모가 뒤에서 지켜보는 여유를 갖는 것이 좋을 것 같다.

어려서부터 정신적, 육체적 근육을 키워야 숨어있는 잠재력을 끌어낼 수 있다. 청소년은 내가 좋아하는 분야와 하고 싶은 일을 찾아서 실행해 보아 자기 적성을 찾는 일이 성공의 지름길이다. 기성 세대들은 청소년들이 공부도 하면서 예술과 스포츠도 즐기는 폭 넓은 삶을 살아가도록 이끌어 주는 것이 중요하다고 본다.

TV화면에 비쳤던 자랑스러운 임윤찬의 힘찬 음악소리가 눈에 선하다.

나훈아의 노래 인생

경칩을 지나니 따스한 봄기운이 완연하다.

오랜 가뭄 끝에 단비가 내려 울진, 삼척 등의 산불이 완전히 진화되어 천만다행이다. 이젠 온 국민이 이재민 돕기에 함께 나서서 힘을 모으자.

나와 내 아내는 가수 나훈아의 열성 팬이다.

시내 단골 음반가게에서 나훈아의 신곡 〈맞짱〉을 들으니 마음이 설레인다.

'일곱 빛 향기'라는 음반에 대중가요 신곡 〈맞짱〉이 들어 있다.

나훈아(본명 최홍기)는 부산 출생으로 서라벌예고를 다녔다., 1966년 대중가요 '천리길'로 데뷔했고, 1968년 '사랑은 눈물의 씨앗'이 인기를 얻어 그의 이름이 널리 알려졌고, 대가수로 성장하면서 평생 가수의 한 길을 걸어왔다.

그는 1973년 고은아의 사촌인 이숙희와 결혼했다가 2년 후 이혼했다. 그 후, 대전출신 영화배우 김지미와 결혼하여 대전에서 한 동안 살다가 헤어졌다. 그 후 배우 정수경과 동거하다 아들을 낳고, 1983년 결혼했다. 1988년 딸이 태어났다. 정수경이 아이들 교육을 위해 하와이로 건너갔다. 나훈아는 한동안 기러기 아빠 생활을 했다. 그러나 2007년 그의 아들 결혼식에 나훈아가 불참하자 둘 사이가 나빠져 2014년 이혼했다. 현재는 이자연과 재혼하여 살고 있다고 한다.

가수 나훈아의 노래 인생 55년은 짧은 시간이 아니다.

나훈아는 차분하고 조용한 노래를 선곡했으며, 출연 당시 무대에서 다양한 포즈와 꺾기 창법으로 트로트를 불러 중년층으로부터 많은 인기를 얻었다.

1972년 무대에서 괴한에게 피습 당하기도 했고, 1981년 MBC 10대 가수상을 받았다. 1982년 6월 23일 KBS'가요 톱텐'에 연속 2주 1위를 하기도 했다.

그의 인기는 날로 높아져 1990년대 초반, 국민들에게 한국 가요계의 '살아있는 전설'로 불리게 되었다. 그는 2020년 제1회 '트롯어워즈 백년 가왕상'을 수상하였다.

1970년대부터 1980년대는 나훈아와 남진이 서로 쌍벽을 이루며, 한국 트로트의 전성기를 구가한 것으로 보는 견해가 많다.

가왕 나훈아의 노래는 세월의 무게 만큼 공감의 깊이도 더해 가고 있다.

나훈아는 2006년, 순회 콘서트가 마지막 활동이 되었고, 가요계에서 잠정 은퇴하였다. 2017년, '남자의 인생'을 발표하여 가요계에 복귀했다가, 2020년 〈대한민국 어게인 나훈아〉 콘서트로 KBS 2TV에서 그의 노래를 방송했다. 그는 2020년 〈테스형〉을 부르기 전의 공백 기간에 인도를 비롯한 이웃 여러 나라들을 여행하면서 다른 나라 사람들의 삶을 돌아보고, 그의 인생철학과 삶의 의미를 깊이 있게 깨달은 것으로 생각된다.

그가 55년 동안 부른 노래는 2600여 곡, 200여 장의 앨범을 냈다.

그는 자기 노래를 자기가 손수 작사, 작곡하여 부른 가수로 유명하다.

사랑도, 이별도, 기쁨도 그가 부르면, 어느 노래든 세상에 히트가 되었다.

최근에 가왕 나훈아가 가수의 외길을 걸어온 세월의 아쉬움을 노래한 대중가요 〈맞짱〉을 신곡으로 세상에 내 놓았다.

"세상을 이길 장사 어디 있겠소/ 아 사랑은 이제부터 시작인데 / 아 청춘도 아직은 시퍼런데 / 아 세월아 맞짱 한 번 뜨고 싶다 / 아 웃프다 인생아…."

'아'의 탄식이 많이 들어 있다. 그러나 그 탄식은 가는 세월 인생의 아쉬운 미련을 노래한 긍정의 것이다. 그의 노래는 세 번의 변화를 보여준다.

첫째, 데뷔 초기는 전통가요(트로트)를 부르며, 50여 년간 꾸준히 '사랑과 이별'을 노래해 왔다. 그 후, 1982년 '울긴 왜 울어', '잡초'에 들어서 세련된 록 발라드의 편곡으로 현대적 감성의 전통가요를 노래하였다.

세 번째, 그는 감성에서 벗어나 서사적인 사회풍조와 인생을 노래하였다.

〈테스형〉과 〈맞짱〉에 이르러 '사랑'의 소재에서 벗어나 서사적인 사회풍자로 방향을 바꾸었다. 몇 해 전, 코로나19로 힘든 국민들에게 거친 목소리로 '테스형'을 부르며 혼탁하고 힘든 세상을 질타하여 사회에 큰 충격을 주었다.

코로나19 확산에도, 그는 2021년 12월 12일 부산 벡스코전시장에서 콘서트를 개최하여 오랜만에 대성황을 이루어 국민들에게 삶의 희망과 용기를 불러 일으켰다. 그는 한결같이 서정적인 분위기를 담은 가사를 주로 사용했다. 대형가수는 언제나 팬들과 함께 있는 것이 그의 책무다.

코로나19로 힘든 이때에 국민들에게 삶의 희망과 용기를 갖게 하는 다음 신곡이 퍽 기다려진다.

금산 월영산 출렁다리를 건너다

오월의 하늘이 유난히 푸르다.

오늘은 고교동창 모임인 매화산악회원들과 함께 월영산月影山 출렁다리를 향해 길을 나섰다. 시내를 벗어나니 창밖의 산들엔 연두빛 나뭇잎들이 한창 푸르러가니 싱그럽다. 금산군 제원면 면소재지를 지나 '월영산 출렁다리 개통 축하' 현수막이 우리를 반겨준다. 이 출렁다리는 금강을 가로지르는 최초의 출렁다리이다. 북쪽을 바라보니 부엉산 수 십 미터의 암벽에 설치한 인공폭포의 폭포수가 시원하게 쏟아져 내린다. 전북 강천산의 인공폭포보다는 규모가 훨씬 작다. 충남에서는 청양, 예산, 논산에 이어 네 번째 출렁다리이다.

서양인은 분수를 사랑하고, 동양인은 폭포를 사랑한다. 폭포수의 물줄기는 높은 데서 낮은 곳으로 낙하한다. 만유인력, 그 중력의 거대한 자연의 힘 그대로 폭포수는 위에서 아래로 떨어지는 물이다. 물의 본성은 높은 데서 낮은 데로 흐르는 것이다. 폭포수는 우리에게 물의 천성을 최대한으로 표현해준다. 그러나 분수는 대지의 중력을 거슬러 물의 본성에 도전하는 물이다.

오른 쪽 월영산 들머리에 들어서니, 산 중턱까지 계단을 데크로 설치하였고, 데크길 양 쪽에 받침대까지 설치하여 이곳을 찾는 길손들의 안전까지 배려하였다. 이 출렁다리는 월영산과 부엉산의 중턱에서 쇠줄과 철판으로 서로 연결하여 출렁다리를 설치하였다. 2022년 4월 28일 개통하여 일반인들에게 널리 알려지지 않아 아직은 이곳을 찾는 사람들이 많지 않았다.

이곳 교량 길이는 275m, 폭 1,5m이며, 한 번에 성인 1500명이 동시에 이용할 수 있게 설계하여 제작하였다. 다른 곳의 출렁다리는 현수교의 받침 쇠기둥을 양 끝과 중간에 높이 세워 쇠줄로 연결한 현수교인데, 이곳은 출렁다리 중간에 쇠기둥을 세우지 않고, 쇠줄을 출렁다리 아래 양쪽에 설치하여 출렁다리와 연결한 것이 이채롭다.

월영산月影山에는 진달래꽃이 지고 철쭉꽃이 활짝 피어 상큼한 꽃향기를 맡으니, 생동감이 느껴지며 꽃향기가 퍽 향기롭다. 옆에는 하얀 이팝꽃들이 흐드러지게 피어 꽃내음이 온 산에 가득하다. '사랑의 즐거움'이란 꽃말처럼 철쭉은 아름다운 자태를 뽐내며 오가는 길손들의 눈길을 사로 잡는다.

산비탈 계단을 오르며, 철쭉꽃을 바라보니 봄꽃의 여왕이란 말이 실감난다.

오월 초순이라 짙은 봄볕이 연두바람으로 지기 시작한 꽃잎들을 바람따라 하얗게 날린다. 산중턱 '쉼터광장'에서 출렁다리로 들어서서 사진을 찍고 출렁다리를 건너기 시작했다. 노란 송화가루가 바람 따라 하늘 위를 무리지어 날아가고 있다. 출렁다리가 높아 건널 때 아래를 내려다보니 강물에 비친 산그림자가 아름답고, 조금 현기증이 났다 주변에 산들의 경치가 뛰어나게 아름답고, 높은 출렁다리를 건너노라니 마치 하늘을 나는 착각에 빠져 기분이 상쾌하다. 275m의 긴 다리를 건너니 부엉산이다. 부엉산터널로 차들이 많이 지나간다. 내고향 마을에도 부엉산이 있어 친근감이 든다.

옛날에는 산에 부엉새가 많았는데, 요즈음에는 부엉새를 볼 수 없어 아쉽다. 데크길을 따라 계단을 오르니 '쉼터광장'이다. 벤치에 앉아 친구들과 환담을 나누었다. 부엉산은 춘천 삼악산처럼 가파른 절벽으로 이루어진 바위산이다.

잠시 후, 부엉산 정상을 향해 심하게 비탈진 바위길을 조심스럽게 걸어 올라갔다. 때로는 평지도 나타나 쌓인 낙엽을 밟으며 걷기도 하고 이어서 가파른 비탈길을 오를 때 나무를 붙잡기도 하고 숨을 헐떡이며 쉬엄쉬엄 오른다. 숨이 차오르고 다리도 아파 힘들면 바위에 앉아 십 여 차례 쉬면서 올라 드디어 부엉산 정상에 올랐다.

정상에는 부엉산의 표지석이 없고, 산행 안내표지판만 있어 아쉽다. 정상의 표지판 옆에는 높이 3m 정도의 커다란 바위들이 한데 어울려 산의 정상을 지키고 있다. 정상에 오른 성취감을 맛보며, 주변을 둘러보았다. 남쪽엔 갈기산과 월영산, 동쪽으로는 영동 천태산이 가까이 보이고, 북쪽에는 자지산紫芝山이 손에 닿을 듯 가까이 보인다. 팔십 대의 친구들이 비탈진 바위산을 한 시간 가량 함께 올라온 것이 고맙고 대견하다.

주변에 함께 오른 산행객들이 머리가 하얀 우리들을 바라보며 노년에 이렇게 힘든 곳까지 올라온 것이 부럽다며 이야기를 건네온다. 정상에서 사진을 찍고 하산길에 들어섰다. 길 옆에 이름 모를 야생화들이 많이 피어 우리를 반겨준다. '올라올 때 못 본 꽃 내려올 때 보았다'는 고은의 시처럼 풀꽃도 바라보며 여유롭게 내려왔다. 산새들이 지저귀는 소리도 듣고, 풀꽃들과 대화를 나누며 비탈길을 천천히 내려왔다. 쉼터광장에서 데크길의 계단을 따라 내려오니, 금강의 이곳 이름은 천내강이다. 강에는 물고기가 많아 고기잡는 사람들이 많다. 우리들은 다리를 건너 식당에 들어가서 어죽과 도리뱅뱅이, 인삼막걸리로 오랜만에 회포를 풀며 우정을 나누었다. 온 산의 철쭉꽃과 이팝꽃들로 사람들을 설레게 하는 봄은 자꾸만 짙어져 가는 그리움이다. 5월에 월영산과 부엉산을 오르내리고, 높은 출렁다리를 건너며 봄의 정취를 만끽하였다.

오영수, 세계인의 깐부되다

요즈음 소한을 지나 대한으로 가는 가장 추운 때이다.

임인년 새해를 맞아 코로나19와 강추위로 움츠러든 우리들에게 기쁜 소식이 들려온다.

방탄소년단이 몇 해 동안 미국 가요계에서 상위권을 휩쓸고 있고, 영화 기생충이 오스카상을 비롯한 미국 아카데미4관왕을 수상(2020.2)했고, 그 뒤 영화 미나리에서 윤여정이 오스카여우주연상(2021.3) 수상으로 한국문화 위상이 날로 높아져 문화인의 자부심을 갖게 한다. 올해엔 1월10일, 넷플릭스 드라마 〈오징어게임〉에서 '깐부할아버지'(오일남역)로 열연한 배우 오영수가 한국배우사상 최초로 골든글로브상 남우조연상을 수상하여 전세계적으로 한국문화의 위상이 높아지고, 우리 문화가 널리 알려져 퍽 자랑스럽다.

드라마 극중에서 남은 구슬을 상대편에게 건네며 "우린 깐부잖아."라며 잔잔한 미소를 머금은 그의 표정은 전형적인 한국인 할아버지상이 아닐까?

금년 1월10일, 제79회 미국 골든글로브상 수상 소식을 듣고, 그는 세계 드라마 시청자들에게 드라마를 시청해 주어 고맙다며 반가운 인사를 전했다.

그는 1944년 개성에서 태어나, 1963년 극단 〈광장〉 입단 이후, 60년간 200편 넘는 작품에서 열정적으로 연기하며 오직 배우의 외길만을 걸어왔다.

그는 골든글로브상 수상 이후, 밀려드는 상업광고를 거절하고, 연극무대로 돌아가 평정심을 지키고 있어 놀랍다.

서울의 대학로 터줏대감 연극배우 오영수(78세)가 연기 인생 60년만에 세계인이 자랑하는 깐부(모든 걸 나눌 수 있는 사이)가 되었다.

〈오징어게임〉이 공개된 지 116일만에 전세계인이 보는 시상식에서 한국 최초로 골든글로브상을 수상한 것은 한국문화 수준이 세계적으로 인정받은 것이니 한국인의 한 사람으로서 온 국민들과 함께 기쁨을 나누고 싶다.

▸깐부 : 모든 것을 나눌 수 있는 가까운 사이를 뜻하는 은어임.

"우린 깐부잖아" 라며 감동을 전해준 그는 이제 세계의 시청자와 함께 호흡하는 자리에 올랐다. 드라마 〈오징어게임〉은 전세계인이 함께 즐겨보는 드라마가 되었다. 골든글로브를 주관하는 미국 헐리우드외신기자협회(HFPA)는 2022년1월10일, 시상식 홈페이지와 페이스북 등 소셜미디어를 통해 제79회 골든글로브 수상자를 〈오징어게임〉의 오영수로 발표했다.

그는 "우리 문회의 향기를 안고, 가족 사랑을 가슴 깊이 안고, 세계의 여러분에게 감사드린다."고 수상 소감을 밝혔다. 이어 '배우로서 자신을 응원했던 시청자들과 연극관객들에게 아름다운 삶을 사시길 바란다. 감사하다'고 덧붙였다. 그는 1987년부터 국립극단 단원이 되어 무대를 지켰고, 대배우로 성장하였다. 특히 영화 〈봄 여름 가을 겨울 그리고 봄〉과 드라마 〈선덕여왕〉에서 스님역으로 열연하여 그의 연기가 한층 성숙하고 더육 빛났다.

드라마 〈오징어게임〉의 흥행 속에서 상업 광고의 유혹을 뿌리치고, 그는 무대로 돌아와 그의 진면목을 다시 보게 되었다. 연극만이 그에게 삶의 의미이기 때문이었다. 그는 연기를 통해 평정심을 되찾았다고 말했다.

한편 〈오징어게임〉의 황동혁감독이 1월12일, 제18회 한국이미지 '디딤돌상'을 받았다. '주춧돌상'은 가수 조수미가, 한국이미지를 널리 알린 20세 미만의 '새싹상'은 도쿄올림픽 양궁을 빛낸 김제덕선수에게 수여했다. 이 상은 한국이미지커뮤니케이션연구원에서 한국문화를 널리 알리고, 한국 위상을 높이는데 힘쓴 개인이나 단체에게 수여해 왔다.

〈오징어게임〉으로 세계적인 신드롬을 일으킨 황감독은 한국이 세계문화콘텐츠 강국으로 우뚝 서는데 큰 역할을 한 공로를 인정받은 것이다.

그는 작품 만들 때마다 '작품이 나라의 얼굴이 될 수 있다'는 마음으로 힘쓰겠습니다. 그리고 감독이 '문화외교사절'이란 마음가짐으로 차기작 제작에 힘쓰겠다고 포부를 밝혔다.

다행히 오영수는 골든글로브수상 34시간만에 최근 개막한 연극 〈라스트세

션〉에서 프로이트박사역을 맡아 좋은 연기를 보여주어 객석에 가득찬 청중들의 기립박수를 받았고, 오늘도 맡은 역의 연기에 열정적으로 온 힘을 쏟고 있어, 대연기자로서 그의 노년의 인생이 더욱 아름답다.

황감독은 언어의 구분 없이도 공감할 수 있는 한국정서를 반영한 점이 〈오징어게임〉의 성공에 큰 역할을 했다고 말했다.

세계 각지에서 드라마에 나온 것처럼 '달고나'(불에 쇠판을 달구고 별모양을 찍어낸 과자)를 만들어 먹고, 구슬치기도 하면서 "무궁화꽃이 피었습니다"를 외친다. 이같은 현상은 드라마 시청자들 인식 속에서 한국드라마의 여운으로 남아 있을 것이다. 드라마 화면에서 '달고나'를 먹거나 '구슬치기'하는 모습을 보면 문득 어릴 적 친구들과 함께 달고나를 먹으며 구슬치기를 하던 생각이 떠오른다.

코로나19 창궐로 힘들게 지내는 서민들에게 오영수는, 넷플릭스 드라마에서 선진국 노인으로, 대연기자로서 한국을 비롯한 전세계인들에게 기쁨과 즐거움을 안겨 주었다. 앞으로 한국문화가 널리 알려져서 세계적으로 한국의 위상이 더욱 드높아지길 기원한다

회원 작품

이 정 희 수필가

약력

• 《문학시대》 등단

• 영문학 박사

• 저서: 『살며 생각하며』외 다수

• E-mail: jhlee8562@naver.com

작품

• 영혼과 육신 • 4월에 • 어느 여름날 석양빛을 보고

• 그곳에 가고싶다

영혼과 육신

육체는 영혼의 집이다. 집은 가꾸고 안락하고 편리해야 사람들이 들어와 산다. 집이 부서지고 퇴락하면 사람도 살 수 없다. 그것처럼 육신이 건강하고 조화로워야 영혼이 깃들어 살 수 있다. 그래서 '건강한 육체에 건전한 정신'이라는 표어가 있다. 그리하여 사람들은 편안하고 안락하게 살 수 있는 집을 위하여 수도와 냉난방과 조명 등과 편리한 가구는 물론이고 정원을 아름답게 꾸미고 사철 꽃이 피고 새들이 날아오는 집을 가지고 싶어한다.

그런데 현재는 주거도 아파트 문화가 주종이다. 한 때는 넓은 아파트를 소원하더니 요즈음에는 실용적인 크기의 아파트를 더 찾는다. 정원과 연못이 있는 옛날 사대부의 주택은 그냥 살라 해도 살 수가 없다. 현대의 바쁜 생활에 정원을 가꾸고 연못을 관리하기가 여간 힘든 일이 아니다. 그래서 그런지 소위 단독주택은 선호하지 않게 되었고 마치 서민의 둥지로 변한 느낌이다.

이렇게 우리나라의 현대는 아파트가 대세인 듯 싶다. 그처럼 영혼도 아파트 같은 육신에 살아야 할까. 영혼에도 맑고 깨끗한 영혼이 있을 것이다. 반면에 추악하고 사악한 영혼도 존재하리라. 맑고 깨끗한 영혼을 간직하기 위하여 학문에 열중하거나 간절한 소망으로 수도에 정진하거나 또는 좋은것만 보고 좋은것만 듣고 살아야 한다. 그런데 사람이 살아가는데 어찌 좋은것만 보고 좋은 소리만 듣고 살 수 있으랴. 허기야 험한 소리를 듣고 귀를 씻었다는 일화도 있지만 한 번 들은 불쾌한 말을 어찌 씻어낼 수 있을까.

그런데 추하고 사악한 영혼은 어디에 머물고 있는것일까? 현대라는 사회는 순수하고 정직한 인격을 지닌 사람들이 살아가기에 너무 복잡하고 힘든 곳이다. 조금은 이기적이고 타산적이어야만 생존이 가능할지도 모르겠다. 악착같이 억척을 부려도 먹고 살기 힘든 현실을 어떻게 견디어 낼 수 있으랴 싶다. 악마를 닮은 이기적 영혼들만이 잘 살 수 있지 않은가. 순수하고 맑은 선비정신만 가지고는 생존이 어려운 세태이다. 야무지고 조금은 거칠고 대담해야 현대라는 강을 건널수 있을 듯싶다. 대해를 항해하다 보면 잔잔한 물결도 있지만 폭풍노도가 배를 뒤집기라도 할 듯이 험상궂을 때도 있다. 산더미같은 파도를 헤치고 항구로 무사히 돌아오기까지 험난한 여정이듯이 인간이 한평생을 살아가는데도 아마 그렇게 힘든 험한 세파를 거쳐야 하는 듯 싶다.

올바른 선량함만 지니고 어찌 인생이란 긴 항해를 이룰수 있을까. 그러니 바보스러울만큼 선한 영혼을 지닌 사람들을 정말 살기에 힘든 세상이다. 그래서 말세라 했던가. 말세를 살아가는 지혜는 어느만큼 사악한 영혼과 타협도 해야 하고 때로는 굴종의 아픔을 견디어 내야 하는가 보다. 착하고 선한 영혼을 소유한 사람들이 잘 살 수 있는 세상을 바라는 것은 희망일뿐일까.

농업을 위주로 살아가는 농촌마을에는 추수가 끝난 음력 10월 상달에 떡을 만들어 정성을 들이고 이웃과 나누어 먹는 인정도 있었고 동짓날에는 팥죽을 끓여서 나누어 먹는 훈훈한 인정이 있었다. 그들의 영혼은 진실로 착하고 소박하다. 그러나 도시의 아파트에는 윗집이나 아랫집 또는 옆집 사람들이 누구인지 알 수도 없고 고사떡을 나누어 먹는 정은 찾아볼 수 없다. 삭막하기 그지 없는 삶이다. 그러니 참되고 값진 영혼이 설 땅이 없다. 건강한 육신에 건전한 영혼을 위하여 인간 본성을 찾아야 좋은 세상이라 할 수 있지 않을까.

4월에

어느 날 갑자기 무료한 오후에 어디론가 훌쩍 떠나고 싶은 충동을 이기지 못하여 오라는 곳도 없는데 발길을 재촉했다. 나이가 산수에 이르니 급할 것도 또 무슨 그리움이나 간절한 소망이 있을 리 없다. 그런데 마치 문학소년 시절에 간직했던 낭만에 흔들려 길을 떠났다. 내 소년 시절에는 꿈도 컸던 듯싶었고 하고 싶은 일도 많았다. 그래서 높은 곳을 향하여 소망을 불태웠나 보다. 이렇게 상념에 젖어 회상에 잠기다가 어느덧 판암동에서 출발한 나는 대청호반 길로 접어들었다.

차들은 벚꽃을 감상하며 가느라 기어가듯이 꾸물거린다. 2차선 양 옆길에 아치를 이루고 늘어선 벚나무에서 꽃잎이 눈처럼 흩날린다. 연분홍 꽃잎은 쏟아지는데 벚나무와 벚나무 사이에 잘 가꾸어진 노랗고 빨간 팬지가 연신 미소를 짓는다. 신의 조화인지 자연의 섭리인지 고운 정경은 화가의 필치를 능가한다. 연인인 듯 보이는 젊은이들이 손잡고 걸으며 연신 카메라에 추억을 담고 있는 모습이 부럽게 보인다. 친구들과 도란도란 속삭이듯 이야기를 나누는 모습이 사랑스럽다. 나도 저럴 때가 있었던가 하고 생각에 침잠되어 있는 순간은 푸르른 하늘이 더없이 정겹다. 그러다 문득 아내와 교제할 때는 나도 저랬을 것이라고 생각하며 회심의 미소를 지어 본다.

길 아래쪽엔 대청호의 잔잔한 물결이, 산에는 연녹색 수목이 소년의 부푼 가슴처럼 계절을 노래하는데 수목 사이로 진달래도 얼굴을 내민다. 나는 차에서 내려 진달래 꽃잎을 따서 입에 넣어 본다. 어렸을 때 산에 가면 지천으로 피어 있는 진달래 꽃잎을 따 먹곤 했던 추억을 반추해 본다. 아래로 내려다보이는 호수를 응시하며 문득 나는 어떻게 살아왔는지 생각해 본다. 나는 가장 소중한 것들을 잊어버리고 삶의 굴레에 허우적거리며 보낸 세월을 후회해 본다. 진정 삶이란 무엇인가?

별처럼 많은 사람 그리고 모래처럼 널브러져 있는 시간 속에서 생존경쟁의 무한한 고뇌에 시달려 온 젊은 시절이 왜 그리 어리석었는지 모르겠다. 이상을 향해 밤새워 책을 읽고 지식을 연마하던 청춘이 그립다. 그러나 먹고 살기 위해 명예를 좇아 매달리고, 지위와 권위를 탐하던 그 시절은 허물어져 가는 아무도 눈여겨보지 않은 폐가가 아니었던가. 참으로 나를 알고 지금의 생활에 만족할 수 있다면 얼마나 좋으랴.

내가 살고 있는 가까이에 이렇게 아름다운 호수가 있고 언제 보아도 정겨운 꽃이 피어 있는 것을 나는 미처 모르고 살았다. 아내와 함께 이 좋은 시간을 함께하고 싶다. 살다 보니 이제 가까운 친구들도 떠나고 사랑하는 가족도 떠나고 결국에는 혼자만 남아 있는데 좋은 의복이 값비싼 승용차가 호화로운 집이 왜 필요할까. 하루 세끼 끼니로 만족하고 내 몸이 쉬어갈 수 있는 보금자리 하나면 족하지 않으랴 싶다.

길옆 잘 가꾸어진 정원이 있는 찻집의 2층에서 호수와 산천이 보이는 자리를 잡고 앉아 김이 모락모락 피어오르는 커피 한 잔으로 휴식을 취한다. 쓸데없는 회상으로 감상에 젖어 시간은 저만큼 지났다. 석양을 등지고 노을을 바라보며 돌아서는 발걸음이 무겁기만 하다. 호수는 아직도 잔잔하고 벚꽃이며 진달래도 그 자리에 있는데 그래도 기다리는 이도 없는 집으로 향해서 속도를 낸다. 벚꽃을 감상하던 많은 사람도 뜸해졌다. 제각각의 할 일이 있고 갈 곳이 있나 보다. 내년에 또다시 이 아름다운 정경들을 볼 수 있을까 하고 되뇌면서 서편의 먼 하늘을 응시하는 가슴에 이슬이 맺힌다.

어느 여름날 석양빛을 보고

살아 오면서 나는 내 나이를 별로 의식해 본 일이 없었다. 항상 젊다 생각하면서 하고 싶은 일에 몰두하고 즐겁고 보람 있는 일을 찾았다. 그런데 이번 여름의 무더위를 이겨내기가 참으로 역겹게 느껴지는 걸 보면 나이 탓이 아닐까 하는 생각이 든다. 어서 파란 하늘 서늘한 바람이 부는 가을이 오기를 기다린다.

젊어서는 특히 군대시절에 겨울에 입는 작업복을 여름에 입고 잘도 견뎌 내었던 기억이 있다. 젊어서는 에어컨은 말할 것도 없고 선풍기도 없이 지냈는데 뭐 그렇게 덥다는 느낌 없이 살았다. 그런데 지금은 에어컨이 없으면 한시도 살 수 없을 듯싶다. 그렇게 문명의 이기에 길들여진 탓일까. 그러던 어느 날 갑자기 처서가 지나고 날씨가 시원해졌다. 이제 숨을 쉬기가 편해진 느낌이다.

그 무덥던 어느 여름 날 문 듯 곱게 물든 석양을 바라보며 내 마지막 소망을 생각해 본다. 나이를 먹을수록 저 석양빛처럼 곱게 물들어 갔으면 좋겠다 싶다. 내 주변에 만나는 나이 든 사람들은 귀도 어둡고 걷기도 힘들어하는 분들이 많다. 차를 운전하는 것은 사치인 듯 보인다. 그런데 나는 몸을 다치기 전만은 못하지만 그래도 두 발로 걷고 두 손을 움직이고 아직도 신문을 읽을 수 있으니 얼마나 다행스러운지 모르겠다. 그리고 아직은 운전을 할 수 있어서 가고 싶은 곳에 갈 수 있는 것만으로도 다행이라 여긴다.

돌이켜보면 대부분의 사람들은 돈을 벌기 위하여 또는 명예를 얻기 위하여 그리고 권력을 쥐어 보려고 애쓰는 것을 보며 살아왔다. 그런데 사람들은 말한다. 재물이나 명예 또는 권력이 아무 소용이 없다고 한다. 돈도 친구를 만나 밥 한 끼 차 한 잔 나눌 정도면 된다. 싸 짊어지고 갈 것도 아닌데 많은 재산이 뭐 그리 필요한 것이냐고 한다. 그렇다. 생활에 필요한 정도의 돈만 있어도 즐겁지 아니할까 생각해 본다. 심지어 자식이 있으면 무엇하느냐고 자조 섞인 말을 듣기도 한다. 그만큼 우리의 삶의 영역이 개인주의에 매몰되어 있기 때문인 듯

하다.

자식들도 제각각 하는 일이 있고 제 삶이 있으니 나만 생각해 달라고 할 수 없는 세태이다. 옛날마냥 농사를 짓고 한집에 살 때가 부모와 자식의 관계이지 오늘날과 같은 삶의 구조에서 부모와 자식의 관계를 요구한다는 것이 어쩌면 무리인 듯 보인다. 그래서 품 안의 자식이라 했던가. 그들의 경쟁사회에서 안간힘을 쓰는 자식들이 애처롭게 보인다. 가끔 안부 전화라도 해 주면 다행이라 여기며 살아간다.

저희들끼리 잘 살아만 줘도 고맙게 느껴지는 세상이다. 그래서 부모들은 평생토록 자식들 걱정으로 편할 날이 없어 보인다. 본인은 몸이 불편해 움직이는데도 힘들어 하면서도 자식들 걱정으로 영일이 없는 오늘의 부모들은 사서하는 고민일까. 그러면서 사람들은 늙는 것을 잘 익은 과일에 비유하면서 스스로를 위로해 보지만 나이를 먹은 사람들에게 남는 것이 없다. 무슨 일을 할 만큼 힘도 없을 뿐만 아니라 세상은 늙은이들에게 일을 맡기지도 않는다. 늙은이들은 그저 소멸돼 가는 날을 기다리며 살아가는지 모르겠다.

일평생이라는 세월을 지내오면서 무엇을 왜 어떻게 살아왔는지 돌아보고 싶지 않다. 그래서 지난 삶의 흔적을 지우기 위하여 주변을 정리해 본다. 우선 그 많은 사진을 버리는 일이다. 그런데 꼭 필요한 사진도 더러는 있게 마련이다. 잊혀졌던 추억을 일깨워주는 사진을 보면 그리운 과거가 떠오르기도 한다. 나는 벌써 5년 전부터 책을 남에게 주거나 버리기 시작했다. 지금도 버려야 할 책이 있는데 언제쯤 버려야 할까 타이밍을 찾고 있다.

이제 아직은 몸이 말을 들을 때 며칠이 걸리더라도 운전을 해서 국내를 돌아보고 싶은데 그것이 가능할지 모르겠다. 계절 따라 산천경계 돌아보려 길을 나서고 싶은데 웬 약속이 앞을 막고 있다. 어느 단체의 일부터 집안일 등 한가하게 놓아주질 않는다. 이제 아무 일도 맡지 않고 나를 위한 시간을 가져야 한다고 느낀다.

그곳에 가고 싶다

사람은 누구나 추억이 있고 삶의 영역이 모두 추억으로 남는 모양이다. 그래서 나이가 들면 힘들었던 과거의 추억을 회상하며 그리워 하는지도 모른다. 나는 6·25사변으로 어렸을 때 시골로 피난을 가서 그곳 농촌에서 몇 년을 살았다. 그곳에서 냇가에 나가 물고기나 가제도 잡고 논둑길을 걸으며 무논에서 우렁을 잡기도 했다. 산으로 돌아 다니며 머루나 산포도를 따 먹었고 봄이면 뽕나무에 매달려 입술이 파랗토록 오디를 따 먹었다. 때로는 벚나무에서 버찌도 따 먹으며 들꽃을 꺾어 들고 많은 시간을 산에서 보냈다. 아마도 지금의 문학적 자산은 그 시절에 축적된 것인지도 모르겠다.

아낙네들이 교대로 발로 밟는 디딜방아로 곡식을 찧는 것이나 소가 끄는 연자방아 같은 우리 농촌의 전통적인 생활 모습을 보며 살았다. 농부가 이랴 낄낄하며 쟁기질을 하는 모습을 일상으로 보며 살았다. 봄이면 처녀들이 뽕나무 잎을 따다 누에를 키우는 것을 보았고 다 자란 누에가 고치를 치고 그 고치가 명주가 되는 것도 보았다. 겨울이면 목화를 따다가 씨앗이란 도구로 씨를 뽑고 거기서 나온 솜으로 물레를 돌려 실을 만들었다. 대개 처녀들이나 젊은 아낙네들은 밤이 늦도록 작업을 했다. 그러다가 출출한 밤이면 삭힌 고염을 퍼 먹으며 밤이 늦도록 일을 했다. 잘 익은 연시는 대접을 받았다. 또한 동치미 한 그릇으로 허기를 채우던 시절이었다. 그렇게 오래도록 일해서 만든 실을 베틀에 올려 베를 만들어 옷도 해 입고 남은 베는 장터에 내다 팔았다. 그것이 우리 농촌의 주된 일이었던 듯 싶다.

그때 시골 초등학교에 축구공이 있을리 없었다. 그래서 주먹만한 고무공을 차며 놀았다. 새끼줄로 고무신을 발에 꽁꽁 동여매고 부지런히 뛰어 다니며 고무공을 찼다. 그러다가 힘껏 찬 공보다 고무신이 더 멀리 날라가는 일이 비일비재 했다. 그래도 그것만한 놀이도 없었던 어린 시절이었다. 그러다가 중학교에 입학하면서 나는 다시 내가 살던 도시로 나왔다. 그런데 시골에 사는 동안 나는 어느새 촌뜨기가 되었는지 도시 아이들을 따라 갈수 없었다. 친구들은 똑똑하고 영민하여 아는 것이 많았다. 전쟁 직후에 사회는 급격하게 변하여 새로 나온 문명의 이기들이 많았다. 그런데 나는 그런것들에 익숙하지 않았다. 그러나 얼마 안가서 그들을 따라잡고 학교 생활에 익숙할수 있었다.

그렇게 학교를 다녔고 어느새 성장하여 군대를 갔다. 내가 근무하던 곳은 강원도 최전방 비무장지대였다. 녹쓸은 철조망 한 가닥으로 남과 북이 갈라져 있는 냉엄한 곳이다. 여름에도 밤이면 추위를 느껴 두터운 옷을 입고 경계를 서는 곳이다. 아침에 해가 뜨면 북한강에서 올라 온 안개로 높은 고지는 영락없는 섬처럼 보이는 곳이다. 전방지대를 차를 타고 지나다가 으슥한 곳에 위협사격을 하기도 한다. 그러나 가끔 일어나는 북괴의 기습만 아니라면 더할나위 없이 아름다운 산천이다.

이제 나이를 먹은 탓일까, 웬지 금년 5월에는 평소에 생각지도 않았던 시골의 논둑길이며 힘들었던 군대생활로 뒤돌아 보기도 싫은 전방지역의 그 길을 걸어보고 싶다. 철없던 어린시절에 광솔불 켜들고 산골의 작은 냇물을 따라 가재를 잡던 그곳에 가고 싶다. 새끼줄로 고무신을 발에 동여 매고 공차기를 하던 그 시골 초등학교에 가서 운동장을 걸어 보고 싶다. 이제 번쩍이는 비단옷이 부러울게 뭐 있으랴. 값비싼 고급 승용차를 타고 다녀야 위신이 서는 것일까. 버스나 지하철에서 옷깃을 스치며 살아가는 우리네 삶이 더 인간적이다. 고급아파트는 인정이 없다. 서로 인사를 나누며 여럿이 타고 다니는 서민아파트의 엘리베이터가 더 익숙한 오늘이 좋다. 서로 얼굴을 마주하고 아무것도 바라는 것 없이 오순도순 이야기를 나누는 반려자가 있으면 더 없이 행복하리라.

전원에서 _ 특집 I

제 5회 《전원에서》시화전

작품

• 황혼/이정희 • 삶이란/이향순 • 정원/문정희 • 가을하늘/민중기 • 상사화/안병석

• 서비스 /나요당 • 흑백사진 두 장에서/박숙자 • 빈곳/배인환 • 웃는 돌/양태의

• 화창한 그날/서문 완 • 화중지병畵中之餠/유수화 – 아카시아주 • 사랑/황은경

• 모닥불/임형선 • 눈 맑은 날의 풍경/정상순 • 제5회 시화전에/박숙자

황혼

李貞熙

저무는 황혼녘 하늘가
붉게 물든 구름을 보고
서글픈 그림자에 깃든 삶은
허무한 형벌이어라

해 저문 저녁
한기를 느끼는 마음 가에
숨겨둔 밀어
가슴속 깊은 곳에 맴돌고

너 나 없어도 나 너 없어도
너와 나 사이에
흐르는 영원이여
오, 피곤한 숨결이여!

황혼이 커튼처럼 드리울 때
젊은 날의 꿈을 노을에 묻어두고
살며시 나에게 다가와
노래를 불러주는 이여!

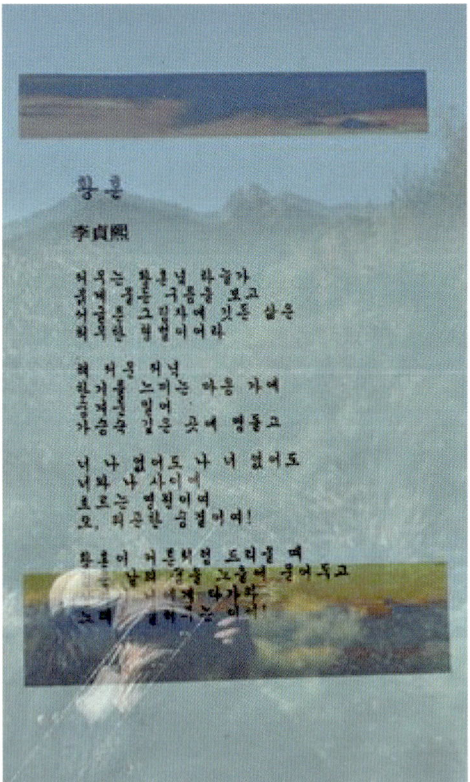

삶이란

이향순

하늘의 별 훔치려다
영안이 열려 우주를 넘나든다목마름은
허무속에 갇힌 비명이어라

만족없는 공간
무너지는 가슴은 바람이 되어도
수많은 감격들 차곡이 접어
빗장지른 감사이다

어제를 벗고 오늘을 입으면
외로움에 젖은 심령 빛을 찾는다
묵시의 가르침
심연 깊은 만남 본향집 거기 있기에
벗은 몸이 되어도 부끄러움 없어라

정원

문정희

넝쿨장미 에워싼
담장너머엔
옛이야기 다정하게
들려오네
초대하지 않아도
이웃사촌 모여들고
지나는 바람도
쉬어가네
이름모를 풀꽃
새들의 합주
성대한 잔치열고
노을빛 머물면
풀꽃은 잠들고
새들도 안식찾아
돌아오네

가을하늘

민 중기

처서가 지나고
동남풍에서 북서풍으로
여름 구름 싹쓸어 어디로 갔는가?
파란 가을의 무대
한바탕 연극이라도 했으면 좋겠다
너무 멋지고 깨끗한 가을하늘
하늘이 바다라면 풍덩 빠져보고싶다
한기를 느끼고 희망에 찬다
어쩌면 쪼개지고 얼룩이 없는
가을 하늘이 우리의 처소가 되었는가?
너무, 너무 좋고 좋구나
오, 가을 하늘 아래 나래를 펴자
힘차게! 활기차게!

상사화

안병석

나 떠나고 나면
멍하니
너 혼자서 지키겠지

너도 가서
텅 비면
나도 따라 비울 거고

초저녁
어스름에
그리움 찾아오면

텅 빈
그곳엔
추억 가득 필 거야

서비스

나요당

죽마고우 세 친구 계진리 가던 날
보석사 은행나무 사진 한 컷 찍어주고
운장산 굽이진 고개
노래하며 달렸네

테니스장 매일 나가 종료 청소 손수 하고
이기는 공이 아닌 받기좋은 공 던지니
세상이 이같으면야
무삼 걱정 있으랴

흑백사진 두 장에서

박숙자

살면서 어찌 웃는 날만 있을까?
우리는 환한 웃음으로 영정 사진을 찍는다
그날도 오늘처럼 환하게 웃으며 떠나길 기도하면서~
살아온 세월아 고맙다
사랑하는 사람들아

빈곳

배인환

아무 것도 없는 빈터
시선이 머물고 있다
빈 의자
빈 방
빈 집
빈 마을
빈 나라
빈 세상

비어 있음의 수수께끼

바람 빠진 타이어
시체
무덤 속
절망
빈 머리
빈 가슴

내가 졸고 있다

웃는 돌

양태의

아득한 시원의 골짜기에 처박혀 돌로나 굳어라
몇 만 년 만이던가
소갈머리 없는 너는 불심 깊은
어느 석공의 정을 맞아 배시시 웃었지

모진 세월의 칼끝에 이것저것 다 떼어 주고
일그러진 얼굴만 남아 다시
버려진 천 년
부스스 눈 부비며 올려다보는 하늘 빙빙 돌고

울렁증 도진 조각달 조촘조촘 내려와
희미한 웃음자국 만지작만지작
더듬어보는 겨울 한낮
잊었던 옛바람 건듯 살아나
마른 입술 한 모금 적셔주고 가네

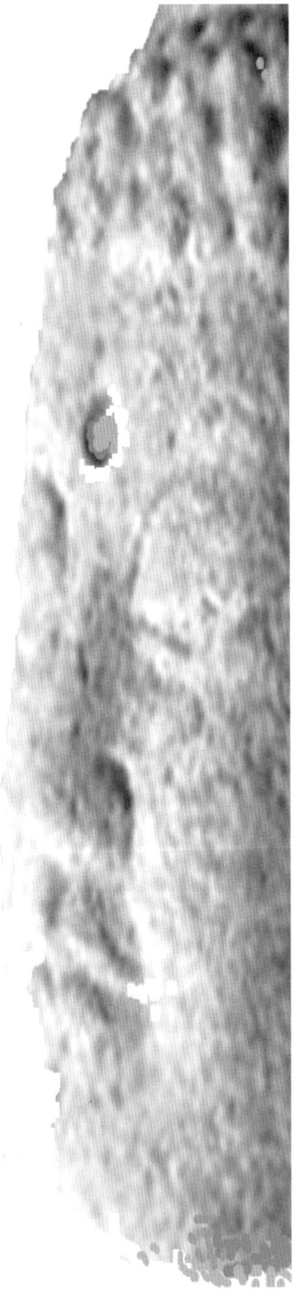

화창한 그 날

서문 완

들꽃
미소로
나를 반긴다
동산
봄 향기
그윽한데
내 사랑
그 님은
보이지 않네
꽃바람
나들이
멀리 갔나봐
훗날엔
기별하고
오리라
물망초
마음을
두고 갑니다

사랑

황은경

눈을 떠 보면 어제와 이별한 새벽
사랑은 옛날 집 문패처럼
오래된 길목, 이별이 되어 서 있곤 했지
날이 선 칼끝 같은 빛이 되어
함부로 내려치는 끝은 싫어

나를 위해서
이제는 사랑을 품고
이별도 아니고 아픔도 아닌
휘어도 곧은 길에서 만나는 사랑
영혼 맑은 한사람이면 돼

그대, 봄날에 따스하게 보이는 길

화중지병畵中之餠 - 아카시아주

유수화

그 숲 가시나무 덤불과 엉겅퀴 길 사이로
아카시아꽃을 따는 저녁입니다

엉겅퀴빛 노을이
아카시아 화주에 취하는 술방의 저녁입니다

아카시아 꽃송이에 취한 노을의 육향,
누룩에 버무리는 술방의 저녁입니다

달이 오면 달그림자로
별이 가면 그 뒷모습으로
벗 삼아 사는 묵언의 하루가
황혼녘에 빚어 밤을 재운 화주로 익고,

툭, 어깨를 치는 이백의 술잔 같은 노을이
술잔을 기울이자마자
넘어가 버리는 저 노을의 취기

늙는가 보다.

모닥불

임 형 선

상리 178번지를 떠난 형제
한 자리에 만난 적이 언제였던가

문향제에 피워 논 12월의 모닥불
맏이라는 이유로 주렁주렁 달린 동생들
힘겨운 삶 속에서
달력 한 장 넘기기가 버거웠던 손가락
다 녹아지는 불 꽃
부모님의 짐을 대신 졌던 언니의 팔순
고향집 뜰에 묻어둔 옛 이야기 뒤적이는 동심
그 잔영 영원히 남을 한 페이지

한 줄기에 달라붙은 고구마
둥글기도 하고 단단하고 길쭉하고 뾰족하고
결핍증에 걸려 잔털만 무성해도
맛내기 같은 우리는 한 형제
위하여 베푸는 그 심성 어찌 고맙다 않으리

언제 또 다시 만나
마음의 모닥불 피워 볼 거나

*문향제: 식당 이름

눈 맑은 날의 풍경

정상순

구름 한 타래
이마에 질끈
무명수건으로 동여매고
낙엽 한 장마저 다 버리고
빈손으로 오신
겨울 산

내 손님은
물 한 사발도 마다하시네
발소리마저 지우고 찾아오셨네
바람만 마중 내보내놓고
긴 시간 생각 없이
기다렸습니다

〈제 5회 시화전에〉

수락계곡에서 부르는 가을노래

박숙자

'윗마을 대사에 아랫마을 돼지 잡는다'는 농담을 건넨 이는 윗마을 대사의 숨은 일꾼, 임태공의 진담일지어다. 윗동네 대사를 진두지휘하며 아랫마을 돼지를 자처한 임태공의 아내사랑은 매년 가을이 되면 더 돋보인다. 그의 노고가 결코 헛되지 않음을 증명이나 하듯, 대사를 벌린 그의 집은 어느새 '전원갤러리'로 자리매김했고, 시를 사랑하는 사람뿐만 아니라 등산객의 발걸음을 멈추게 한다.

이곳 천혜의 대둔산자락에서 전원문인들이 대사를 치른 것이 어느덧 5회째가 되었다. 번잡한 도심을 벗어 나 이곳에서 '대사(?)'를 치를 수 있었던 것은 임태공,이향순시인 부부가 수락계곡에 전원주택을 마련한 것이 계기가 되었다. 주인장을 닮은 아담한 안채, 모양 좋은 반송盤松, 국화가 어우러진 마당에서 시화詩畵를 펼칠 수 있는 것은 행운이었다. 축제를 벌일 마당이 있는 것은 배우에게 공연장이 있는 것과 같으니까.

가을에는…. 청아한 공기는 투명하기가 유리알이다. 그래서 더 맑고 더 싸하다. 태공의 집에서 바라보면 대둔산 봉우리가 손끝에 잡힐 만큼 선명하게 다가온다. 구름 한 점 없는 쪽빛 하늘은 시리고, 그 시림은 사람의 마음까지 정화시킨다. 그 쪽빛 하늘 속으로 우리들은 기꺼이 빠져 들며 가을을 노래한다.

'전원시화전'의 총 연출자는 역시 배인환 회장님이다. 산골을 타고 내려오는 낮은 기온에도 굴하지 않는 강골, 반바지 배회장의 시화전 준비를 알리는 말씀이 떨어지면 우리들은 학예회를 준비하던 어린 날로 돌아간다. 오색 물감으로 화선지를 메우고, 글에 생명력을 담기 위해 다듬고 다듬는다. 무대에 오르기 전날까지 떨리던 유년의 기억들은 설핏 들은 잠마저 깨운다. 새롭다. 누군가를 위해 가슴이 쿵쾅거린 적이 얼마만인가. 이 떨림과 이 몸짓이, 어떤 의미로 독자에게 닿을지 몰라도 분명 긍정의 힘으로 작용되리라 믿기에 품안의 자식을 세상 밖으로 내놓는다. 사유의 숲을 함께 거닐기를 바라면서.

고전이 되어버린 말이다. '화향 백 리, 인향 천 리, 문향 만 리'라고. 하지만 만 리 까지 널리 퍼져 오래도록 회자되는 글을 쓴다는 것은 참으로 어렵다. 그래서 〈전원에서〉 회원들은 부지런히 갈고 닦는다. 매월 둘 째 수요일은 전원 모임이다. 제출한 작품을 메일로, 책으로 묶어 미리 공부할 기회를 주는 것은 배 회장님과 이소라님의 배려다. 여름에는 시원하게, 겨울에는 따뜻한 곳에서 공부할 수 있도록 살림을 맡아주는 일은 서문 완, 안병석, 두 총무님이 담당한다.

기다리던 모임 날이다. 합평 시간에는 정신이 반짝 든다. 정시인의 수준 높은 평은 글 쓰는 이의 문안文眼을 틔운다. 한 편 한 편의 글을 정확하게, 날카롭게 지적해주는 정시인의 죽비는 매섭지만 결코 아프지 않다. 혹평도, 격려도 회원들을 아끼는 애정의 마음이란 것을 잘 알고 있기에. 작품을 쓰고, 읽고 감상하면서 본질을 찾는 작업이 쉽지 않아 우리들은 많이 고민하면서 게으름을 경계한다.

전원의 자랑거리가 또 있다. 코로나로 세상이 바뀐 몇 해 동안, 한 달도 거르지 않고 작품 활동을 이어왔다는 점이다. '눈에서 멀면 마음도 멀어진다.'는 말은 통하지 않했다. 오랜 전통과, 문학으로 다져 진 우정의 결집이었고, 전 회원들의 마음이 모아진 성과라 자부한다.

금년 역시 '전원시화전'을 성대하게 개최했다. 병풍처럼 둘러싸인 대둔산자락은 엄마의 따뜻한 가슴이었다. 세상이 어수선해도, 질병이 창궐해도, 불안해하지 말고, 의연하게 제 자리를 지키면서 살라고 시인들은 메시지를 담았다.

작은 씨앗이 아름드리나무로 성장하지 않던가. 부족한 글이지만 인내와 사랑 속에서 태어 난, 한 편의 시와 수필이 누군가의 가슴에 씨앗으로 떨어져 위안을 받으면, 이 또한 보람 있는 일이 아닐까. 문학이 직접 바이러스를 치료하지는 못해도, 힘든 사람을 위로해 줄 수 있는 도구라는 생각에는 변함이 없다.

글을 쓸 수 있는 손과, 글을 읽을 수 있는 눈이 고맙다. 이보다 더 중요한 것은 아직은 살아있음이요, 주위를 아름답게 볼 수 있는 마음의 여유가 있어 더 없이 행복한 나날이다. 부단히 정진하고, 정진하리라.

회원 작품집

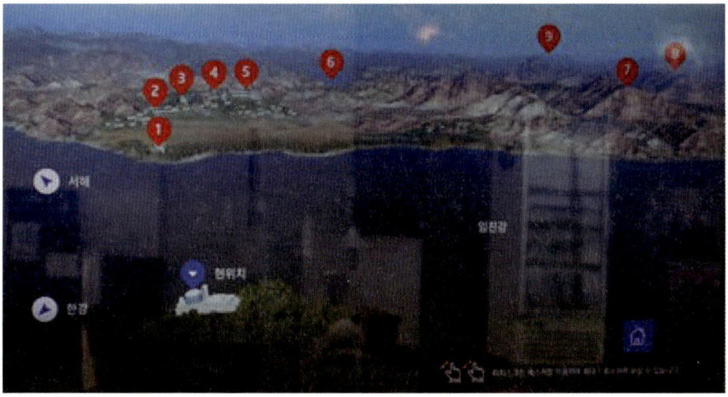

• 황은경 시집 바람 『바람 사이로 보이는 것』

• 배인환 수필 선집 『짧지만 긴 사연』

• 나요당(이소라) 신간서적 『경기도 논매기소리 음원집』, 『청양의 옛 노래집』

황은경 시집
『바람 사이로 보이는 것』

■ 도서출판 〈심지〉

· 국판 · 124쪽 · 가격 10,000원

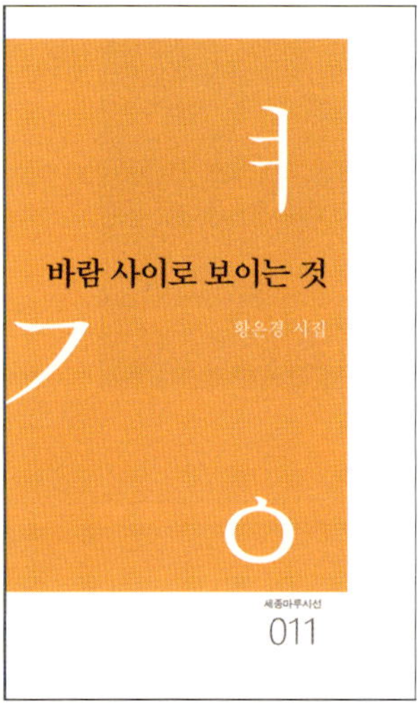

책소개

황은경 시인의 네 번째 시집 『바람 사이로 보이는 것』이 세종마루시선 열한 번째 시리즈로 출간되었다. 이번 시집에는 우리 생의 비의와 존재의 질문에 천착한 시편들이 많다. 가볍지도 가벼울 수도 없는 순간들을 딛고 수많은 족쇄들을 풀며 나아가는 삶의 자유 의지가 오롯이 담겨 있다. 시인은 "건조한 바람이 불 때" 사랑이 다가오듯 생의 욕망은 더 뜨겁게 꽃을 피우고 "살기 위해 몸부림치며 사막을 탄다"고 말한다. 이러한 생명력은 시편 곳곳에 드러나는 '나'의 아픔과 결핍을 건너 타자의 슬픔까지 보듬고 나누는 사랑의 시 정신과 맞물려 있다. '바람 사이로 보이는 것'이 고통의 서사뿐이겠는가. 이번 시집은 푸른 의지와 생명의 가치를 교차하며 끝내 따라가야 할 것들을 찾아 간절한 서정을 열어가고 있다.

추천사

황은경의 이번 시집에 실려 있는 시들은 스펙트럼이 아주 넓다. 순수 서정의 시들이 있는가 하면 사회 참여의 시들도 있다. 그렇다. 그의 이번 시집에는 추상적 의식이 중심이 되는 시들이 있는가 하면 구상적 형상이 중점이 되는 시들도 실려 있다. 물론 이는 그의 시적 관심이 그만큼 크고 풍성하다는 것을 가리킨다. 그렇다고는 하더라도 좀 더 독자들의 관심을 끄는 것은 충만한 서정과 생생한 서사를 잃지 않고 있는 시들이다. 「바람 사이로 보이는 것」, 「흉터」, 「미끄러지는 맛」, 「가난은 죄」, 「그 남자 이야기」, 「하루가 길다」, 「등 따신 게 제일이야」, 「당신」 등의 시가 대표적인 예이다. 이들 시는 한결같이 시인의 구체적인 사람살이와 함께하고 있어 주목된다. 이러한 논의는 그의 이들 시가 생생한 경험으로부터 우러나오는 서정 및 서사를 거느리고 있다는 지적을 포함한다. 이들 시에서도 확인할 수 있듯이 무엇보다 벅찬 사랑의 감정을 바탕으로 하고 있는 것이 그의 시이다. "나를 위해 이제는 사랑을 품어야지/이별도 아니고 아픔도 아닌 사랑을" 「사랑」이라고 노래하고 있는 것이 시인 황은경이라는 것을 잊어서는 안 된다.

- 이은봉(시인, 광주대 명예교수, 대전문학관 관장)

시인의 말

세상에 뿌려진 많은 행복을
자연 속에서 깊은 생명을
시 안에서 평생 닦을 발우를 만났다.
그러나 고백하자면 시를 쓰는 일은
존재를 확인하는 최소한의 몸부림이다.
다시 먼 길을 가기 위해 시작되는,
끝내 따라가야 할 것들을 찾아
네 번째의 발자국을 뗀다.

2022년 가을
황은경

배인환 수필선집

『짧지만 긴 사연』

· 리북　값 13000

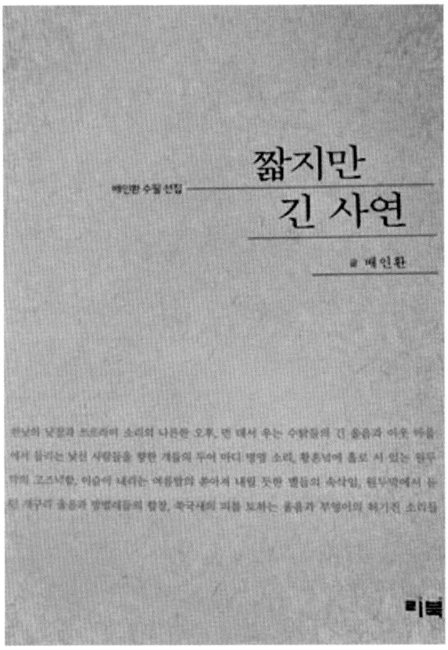

저자의 말

나는 문청 시절에 소설가가 되고 싶어서 10년을 투자한 일이 있다. 소설가가 시인보다 윗급이라고 생각해서가 아니라, 전업 문인으로 우뚝 서려면 시보다 소설이 나을 거라고 생각해서였다. 그래서 나는 아직도 산문에 대한 애착을 버리지 못하고 있다. 그 결과 시인이라는 명암을 가지고도 시집보다 산문집이 훨씬 많다.

백과사전을 보면 수필은 “형식의 제약을 받지 않고 개인적인 서정이나 사색과 성찰을 산문으로 표현한 문학 양식” 이라고 되어 있다. 즉, 수필은 문인이 아니라도 쓸 수 있는 무형식의 글이라고 할 수 있다. 그렇기에 수필가로 등단하지 않았다. 수필을 쓰면 쓸수록 내체질에는 수필이 더 잘 맞는 형식의 글이라고 생각하게 되었다. 그래서 나는 수필에 무한한 애착을 갖고 있다.

모처럼 친구를 만나면 주변을 정리한고 있다고 말한다. 통장도 하나만 남기고 모두 없앴고, 사진도 거의 없애버렸다. 책도 얼추 정리되었으니 이제는 글을 정리하는 것만이 남았다. 그러니 수필 선집을 내기로 하였다.

또한 전자기기의 발달로 독서 인구가 대폭 줄어드는 지금, 수필 선집을 내는 것은 독자에 대한 일종의 서비스라고 생각한다. 이 선집에는 주로 다음 수필집에서 작품을 간추렸다.

1992년 『하늘에서 숲에 비를 뿌리듯』
2007년 『아버지의 원두막과 어머니의 유품』
2014년 『부처님 마음』
2015년 『메일과 수필』
2018년 『시인의 수필과 에스프리』

작품을 고르는 데 힘이 들었다. 자기 자신의 작품을 추려내는 것도 쉬운 일이 아니다. 따라서 이루어질지 모르지만 , 언젠가 이 세상을 하직할 때 수필 전집을 내야겠다는 생각을 하게되었다.

2022년 봄 빈계산 기슭 금수재에서
배인환

나요당(이소라) 신간서적

『경기도 논매기소리 음원집』

머리말

세종특별자치시와 대전광역시를 포함한 [충남지방 논매기소리 총서](상·하권), [충북지방 논매기소리 총서], [전북지방 논매기소리 총서], 부산광역시와 울산광역시를 포함한 [경남지방 논매기소리 총서](상·하권), 광주광역시를 포함한 [전남지방 논매기소리 총서](상·하권), 대구광역시를 포함한 [경북지방 논매기소리 총서](상·하권)에 이어 [경기도 논매기소리 음원집]을 발간한다.

경기도는 31개 시군으로 어느 지역보다 관할이 넓고, 방문 녹음지역도 적지않아 상·하권으로 내어야 할 것이나, 여건이 그러하지 못하고, 또한 2002년 12월 ~ 2006년 1월에 전국문화원경기도지회를 통해 발간한 [경기도논맴소리자료총서 제1-4권][SR-A35,37,40,45]에 개별 곡에 대한 분석을 하였기로 본서에서는 해당 시군의 토박이 농민이 아님이 밝혀지거나, 1960년 이후의 이주자를 분별하여 되도록 제외하고(〈경기〉로 표시한 악곡은 [SR-A35,37,40,45]의 게재악보를 참조 바람) 해당 시군의 논매기소리에 대해 〈성격〉 위주로 언급하되, 그간의 연구에서 한걸음 더 내디딘 시각을 보태며, 음원을 첨부하는 것으로 소임을 다하려 한다. 고양시의 2003년이후 녹음마을들과 하남시의 초2동·감2동(정림동)·천현동, 화성시의 동탄읍 신리와 봉담읍 동화3리 녹음 등도 새로이 추가하였다.

서울특별시와 인천광역시도 부산광역시나, 대구광역시, 광주광역시, 대전광역시, 세종특별자치시를 각각 경남지방, 경북지방, 전남지방, 충남지방에 포괄하여 엮었던 것처럼, [경기지방]으로 경기도와 함께 묶을 수 있겠지만, 더 지나치게 책의 면수를 늘일 수 없어, 부득이 이어서 발간 예정인 강원도 논매기소리 총서랑 함께 엮는다.

우리나라 농요의 대종을 차지하는 것은 논매기소리이다. 논매기소리는 그 지역의 개성있는 얼굴이며 구전의 민중사이다.

54개의 부족국가로 구성된 마한은 각국에 5천 내지 1만여명의 인구가 있었고 벼농사를 지었으며, 양잠으로 베를 짤 줄 알았다고 한다(AD3세기. 진수의 [삼국지] 위지 동이전).

기원전 3세기경에 들어온 철기문화는 초기 국가성립과 농경 발달에 큰 영향을 주었다. 고대의 촌락은 신라시대나 고려시대에 이르기까지 몇 개의 자연촌을 비롯한 지역촌들이었다. 15세기 이후 수전농법과 동족 촌의 발달은 18세기 후반에 이르러 1980년대와 비슷한 집단촌락을 이룬다.

교통이 불편하던 시절에 산과 큰 강들은 도와 시 · 군간의 경계가 되고, 인문을 나누는 역할을 하였다. 이렇듯 자연환경에 의해 테두리가 쳐지는 도와 시 · 군의 전통문화는 오랜 세월동안 나름대로의 개성을 형성하여 오늘에 이르고 있다.

밭농사보다 논농사에 치중했던 남한지역의 들녘에서 논매기소리가 사라진 것은 벼농사의 대부분에 제초제를 사용하던 1960년대 중반기에서 1970년대 이었다. 뙤약볕 아래에서 엎드려 논을 매는 작업은 지루하고 힘든 일이라 이를 극복하기 위한 생활의 지혜로 두레를 짜거나 공동작업을 하며 노래를 불렀던 것인데, 제초제를 사용하자 두레로 논맬 필요가 없어졌다.

논매기소리를 더 이상 들에서는 들을 수가 없게되고 단지 소리애비(메김소리꾼, 선소리꾼,앞소리꾼)의 기억 속에만 남게 되었다. 1980년대에 60세,70세가 넘던 그들은 2022년인 오늘에 와서는 고인이 되셨다.

본서의 논매기소리들은 주로 1980년대에 그 지역의 토민(土民 ; 그 지역에 10세이전부터 계속 살아온 것으로 간주할 수 있는 분)들을 대상으로 방문 · 녹음해 둔 필자(민족음악연구소 대표)의 녹음자료가 바탕이 되었다. 모든 음원의 채보와 정리는 필자가 직접 맡았다.

지리학 전문가의 참여로 신빙도가 높은 지도가 마련되고, 녹음지역에 대한 지리적 고찰을 첨가할 수 있었던 것은 농요연구에 있어 고무적인 일이다.

임은진, 장동호 교수를 비롯한 공주대학교 지역개발연구소와 변정민 교수를 비롯한 중부대학교의 음원 보존작업 관계 참여자들께 감사드린다.

주로 카세트테입과 MD에 담겨있는 경기도의 옛 음원들이 자칫 훼손되고 사라질 위기에서 음원변환으로 영구보존이 가능하게된 것은 한국학을 위하여 참으로 다행한 일이다.

학술연구재단에 감사드린다.

- 논매기 집필을 계속하고 있는 지금에도, 논매기소리는 구전으로 내려오는 '민중의 역사'라고, 그 중요성이 거듭 느껴진다. 녹음 내용의 편린이라도 무시할 수가 없고, 소중해 보인다. 백년 뒤에라도 인접학문을 포함하여 관심있을 후학을 위해 부족하나마 정리하여 보고, 남긴다.

본서의 집필은 DB화 만을 위한 민족음악연구소 소장의 방대한 희귀 음원제공이 본 공동연구원에게 큰 의미가 없어, 덤으로 행한 작업이다. -

2022. 8월.

羅謠堂 이소라

(농요연구가, 공주대학교 지역개발연구소 연구교수)

E-mail: minjokeumak@hanmail.net

『청양의 옛 노래집』

* [청양의 옛 노래집] 발간에 즈음하여

몇해전에 충남 청양군의 민요집을 문화원을 통해 발간할까 문의하였는데, 임동권·정형호·임장혁 님의 이름(共編)으로 2004년에 가사 위주로 발간한 [청양의 민요]가 있기에, 따로 인쇄비 일부를 보조 받을 수 있는 타 기관의 기회를 활용하여 악보와 음원을 첨부한 [청양의 옛노래집]을 내기로 하였다. 이는 2014년도에 월산(임동권) 학술상을 받은데 대한, 작은 보답이기도 하다.

1987년도 이래의 청양군 관련 묵은 자료를 꺼내어 정리하다가 한 여기자로부터의 '농요'에 대한 개괄적인 설명을 간곡히 요청하는 편지를 발견하였다.

또한, 청양군에서는 〈두레농악보존회〉라는 민간단체가 올해에도 논에서 모심기 재현행사를 벌린 것을 알게 되었다.

매우 고무적인 일이다.

청양군이나 청양문화원을 통한 발간이었다면, 아직도 녹취 가능한 동요나 부녀요 등을 보탤 수 있었을 아쉬움이 남는다. 1990년대 전후의 시기에 만날 수 있었던 청양 지역 상여소리의 선소리꾼을 먼저 찾고, 그를 중심하여 1960, 70년대에 이미 들에서는 사라진 논매기소리 위주로 그들의 기억을 되살리는 녹음을 하였던 것으로, 그 자리에서 그들이 알고계신 상부喪夫소리나 다른 일노래들은 필수적이었고, 동요·흥민요도 담았었다.

필자의 전국 읍면별 토박이 농민을 찾아 골고루 녹음하고자 하였던 활동으로, 한국농요의 분포권 파악을 비로소 할 수 있었기에, 이에 대한 언급으로 부족한 자료를 대신하고자 한다.

필자가 하던 연구에서 방향을 틀어 농요 녹음에 전적으로 나선 것은 그 읍면의 선소리꾼이 작고하게 되면, 하루 아침에 그 지역의 논매기소리가 자취를 감추어버리는 상황을 만나고 부터이다. 1984년 처음엔 전국의 시군별 3개 읍면씩만 논매기소리를 파악해 놓아야 하겠다는 목표였고, 이를 이루자 3개 읍면으론 부족하여 읍면마다 1개마을 씩의 방문 녹음을 계획하고 집중하여, 도시화된 몇몇 지역을 제외하고는 1989년 8월로서 전국 읍면별 논매기소리 위주의 방문 녹음을 일단락 지었다.

그후 필자는 국내의 연구 활동을 계속하는 한편, 일본, 중국, 미얀마,필립핀, 베트남, 캄보디아 등 동남아 지역, 아프리카, 이태리, 미국에 이르기까지 벼농사지대를 모심는소리 위주로 방문 취재하였다.

1992년의 K여기자가 다시 내게 '농요'에 대해 묻는다면, "농요는 그 지역 민초의 구전으로 내려오는 민중사이고 그 지역의 개성적인 얼굴이다"고 말하고 싶다.

청양의 개성적인 얼굴을, 첨부한 음원 속에서 찾을 수 있다. 그들은 이미 거의가 고인이 되셨지만, 요성(搖聲, vibration)의 정도나 모양새도 이 음원이 스승이다.

가창자들과 녹음 협조자들 및 다방면에서 수고하신 여러분들께 감사드립니다.

2022년 8월

나요당羅謠堂 이 소 라

회원 활동

• 대전 펜문학 행사 참가

시낭독회 - 이정희, 유수화

시화전 - 이정희, 임형선, 유수화

• 사진전시회 참가

《두개의 언어전》 - 안병석

제 10회《연사회》 전시회 - 나요당(이소라), 배인환

• 수상코너

나요당(이소라) - 자랑스런 경기인상

대전 펜문학 시낭독회 참가

<시에 꽃이 피어나는 한여름 날의 축제>

1회 대전펜 자작시낭송회

일시: 2022년 8월18일 목요일 오후 3시~5시

장소: 대전문학관 다목적실

대전펜에서 문학회원 15명의 자작시 시낭송가 개최 되었다.

〈전원에서〉회원인 대전펜 회장 이정희 시인과 유수화 시인이 참가하였다.

낭독 작품

대청호

이정희

호반에 떠 있는 석양의 산노을
말없이 거니는 사슴의 눈망울에
호수의 파문이 들어와
미풍에 흔들리는 나무들의 속삭임

석양빛에 물든 물속의 그림자
바람따라 들려오는 산새들의 이야기
출렁여 이랑지는 파문에
밀려오는 세월

타오르는 영혼
단풍잎 하나
떨어지고 나면
그뿐인 것을
그리움만 머무는 호반이여

낭독 작품

두견주 고백

유수화

마음에 품은 애인이 있습니다

삼월 볕이 달달하게 익은 웃음으로 웃는
허술하고 굴곡진 자리에서도 첫사랑 낯빛을 잃지 않는
손짓이 없어도 눈으로 들어와 주는, 와락 안아주지 않아도 품을 내어주는

이순이 된 이제야 고백해 보는, 두마면 왕대리 진달래
한아름 꺾어서 내 곁에 두었습니다
달항아리 가득 채웠습니다

어쩌나요, 툭 툭 진달래 꽃잎이 지는 시간
늦어버린 고백인가요

오늘은 삼짇날, 활짝 핀 진달래꽃을 흐르는 물에 씻어
술독에 밑술과 진달래꽃 켜켜로 안치고 기다립니다
그대를 품은 시간이 익고 익어가는 봄, 기다립니다.

제 4회

대전펜문학 시화전 "가을, 시愛 물들다"

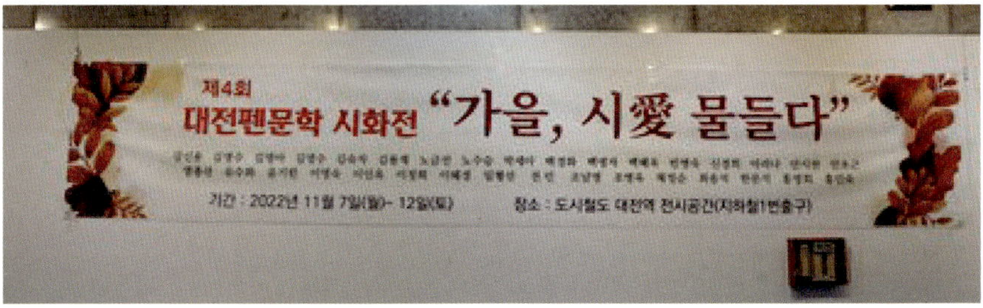

제 4회 대전펜문학 시화전 참가

황혼

李貞熙

저무는 황혼녘 하늘가
붉게 물든 구름을 보고
서글픈 그림자에 깃든 삶은
허무한 형벌이어라

해 저문 저녁
한기를 느끼는 마음 가에
숨겨둔 밀어
가슴속 깊은 곳에 맴돌고

너 나 없어도 나 너 없어도
너와 나 사이에
흐르는 영원이여
오, 피곤한 숨결이여!

황혼이 커튼처럼 드리울 때
젊은 날의 꿈을 노을에 묻어두고
살며시 나에게 다가와
노래를 불러주는 이여!

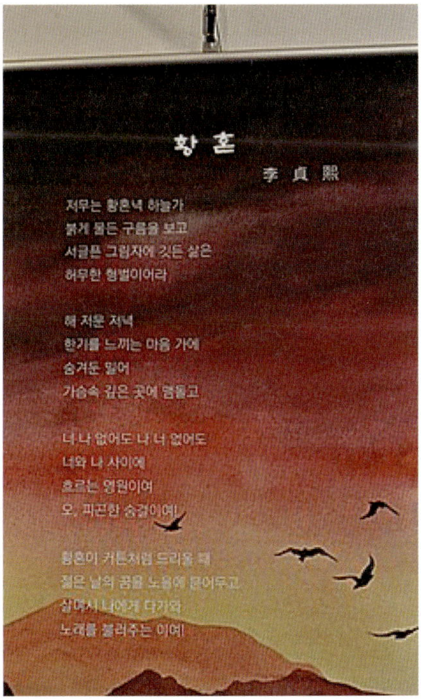

제 4회 대전펜문학 시화전 참가

사과 깎기

임형선

말쑥하게 단장한 사과
접시 위에 대기 중이다

풍우에 시달린 자국과
병충해를 막기 위해 뿌린 농약
씻어 내느라 애쓴 모습이다

톱니처럼 생긴 식빵 써는 칼과
고기 다지기용 큰 칼도 과일 깎겠다고 나선다
상처만 줄 뿐 속내를 꺼내 보지 못할 텐데

서슬이 퍼런 과도가 여론과 함께
과일을 깎는다
내 편 것은 행주로 닦아 윤기를 낼 뿐
네 편 것은 뼈 속까지 후벼 파는 과일 깎기
제대로 된 과일 먹기가 쉽지가 않네

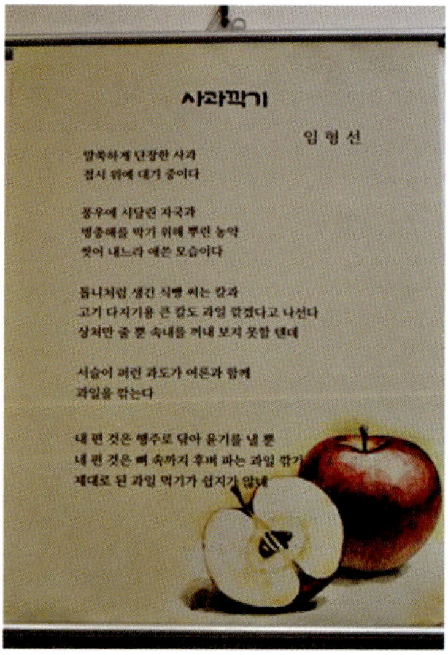

제 4회 대전펜문학 시화전 참가

구절초 술방

유수화

구절초로 빚은 화주가 익는 술방
그대가 보낸 구절초 꽃씨처럼
늦은 밤, 까만 눈이 온다
그대의 빼곡한 가을 이야기 스미듯 내린다

연애편지 꺼내듯이
술방, 구절초 풍미가 날리는 첫눈이다

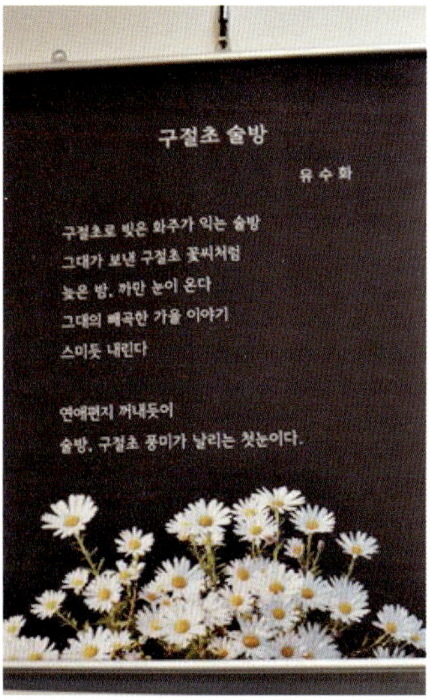

사진 전시회 참가

• 《두개의 언어전》

• 제 10회 《연사회》 전시회

사진 전시회 참가

안병석 - 두개의 언어전

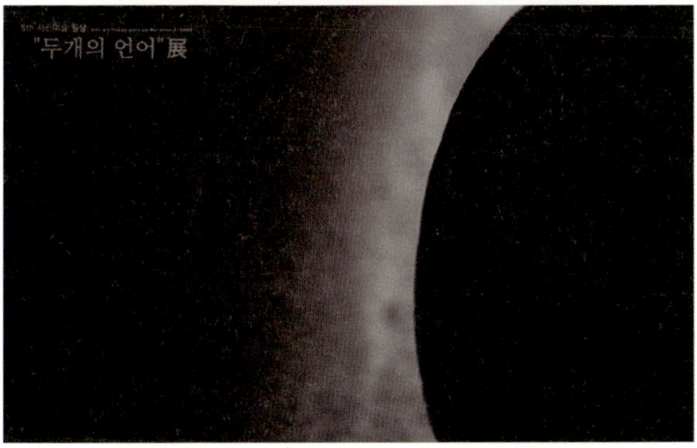

이소라 · 배인환 회원 연사회 참가

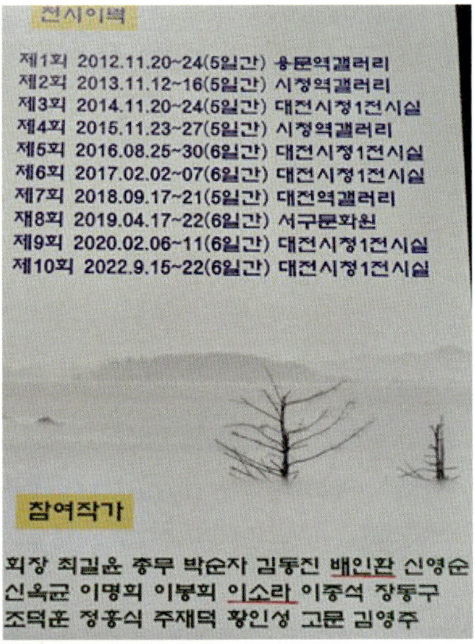

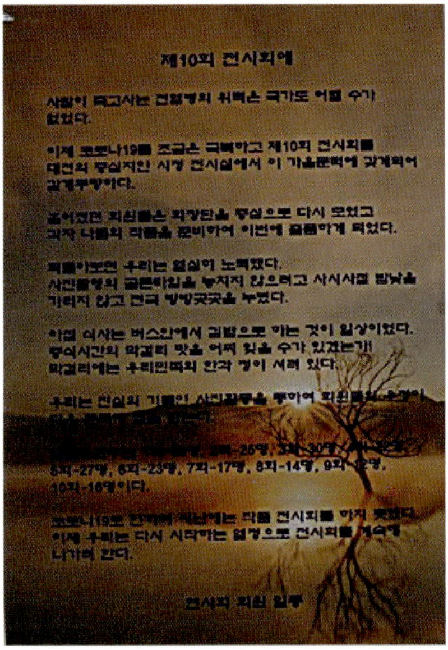

제 10회 연사회 전시회에

사람이 죽고사는 전염병의 위력은 국가도 어쩔수가 없었다.

이제 코로나19를 조금은 극복하고 제 10회 전시회를 대전의 중심지인 시청 전시실에서 이 가을 문턱에 갖게되어 감게무량하다.

흩어졌던 회원들은 회장단을 중심으로 다시 모였고 각자 나름의 작품을 준비하여 이번에 출품하게 되었다.

되돌아보면 우리는 열심히 노력했다. 사진촬영의 골든타임을 놓지지 않으려고 사시사철 밤낮을 가리지 않고 전국 방방곳곳을 누볐다. 아침식사는 버스 안에서 김밥으로 하는 것이 일상이었다.

중식시간의 막걸리맛을 어찌 잊을 수 있겠는가! 막걸리에는 우리 민족의 한과 정이 서려있다.

우리는 진실의 기록인 사진활동을 통하여 회원들의 우정이 더욱 돈독해 짐을 믿는다.

활동 회원 수는

1회 20명 2회 25명 3회 30명 4회 22명 5회 27명 6회 23명 7회 17명
8회 14명 9회 12명 10회 16명

코로나 19로 인하여 지난 해는 작품전시회를 하지 못했다. 이제 우리는 다시 시작하는 열정으로 전시회를 계속해나가려한다.

연사회 회원일동

나요당(이소라) 출품작

그리움

만남

배인환 출품작

영원히 꺼지지 않는 불

소원성취

수상코너

나요당(이소라) 회원 자랑스런 경기인 이소라(50회)

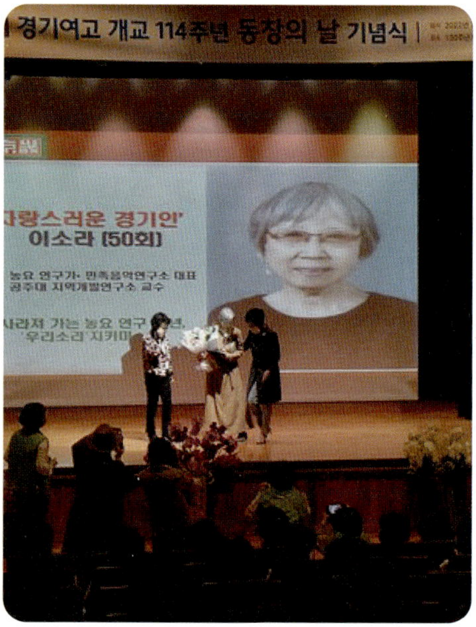

〈시상식 장면〉

동아일보-사람속으로
'자랑스러운 경기인' 민속학자 이소라씨

정성택 기자
입력 2022. 10. 18 03:00 업데이트 2022 10. 18 03:00

농사를 지으며 부르는 노래인 '농요農謠' 연구로 알려진 민속학자 이소라 씨(79. 사진)가 ' 자랑스러운 경기인' 으로 뽑혔다.
경기여고 총동창회인 경운회(회장 김영란)는 "15일 열린 개교 114주년 기념식에서 이 씨를 제29회 자랑스러운 경기인으로 선정해 시상했다" 고 17일 밝혔다.

이하 생략

2022년 10월 15일 자랑스러운 경기인 상

수상 소감

나요당羅謠堂 이소라

반갑습니다. 저는 경기여고를 졸업한 처음엔 홍일점의 법학도였구요. 법학사 자격만 취득하고 음악으로 방향전환 후, 또 한국음악을 하면서 오롯이 한가지 소망은 리듬연구로서 세계의 음악학자들과 일선에 서서 나가는 사람이 되자는 것이었습니다.어려운 리듬이라는 게 동해안별신굿이나 남해안별신굿의 악사들이 연주하는 장단이나 진쇠춤과 같은 민속춤 장단 등에 있는데, 장단 공부를 위해 춤을 배운다든지 하는 생활이었습니다.남해안별신굿의 마지막 생존 악사라곤 박복률선생님이나 배중렬,박복개선생님 뿐이었죠.이들이 연로한 정모연 대모 일행을 모시고 섣달 그믐으로부터 음력 정월에 거제의 수산,양아,구조라 등 일대를 순방하는데, 악사들의 장단을 배우러갔다가 일행과 숙식을 같이 하면서 간단한 징이라도 쳐드릴 수 밖에 없는 열악한 환경이었습니다. 그래도 이 때 배운 무가와 어려운 장단 채보 덕분에 정모연 대모 한분을 제외하고는 모두 작고한 상태에서 중요무형문화재 지정을 할 수 있었지요. 이런 리듬위주의 음악 공부 중에 들리게 된 노인정에서, 1960-70년대에 제초제의 전국적인 보급과 더불어 더 이상 두레로 논맬 필요가 없게되자 논매는소리가 선소리꾼의 기억속에만 남게되고, 그 선소리꾼 한 분이 돌아가시게 되면, 그 지역의 오랜 논매기소리들이 하루아침에 사라지게되는 현실을 목격하게 되었습니다. 민요의 기초자료가 흔적도 없이 사라져가는 현실에, 누군가는 녹음이라도 해 두어야한다는 절박감이, 마치 발등에 떨어진 불을 끄듯 다급히 여겨져, 리듬연구를 잠시 제쳐두고, 1980년대 중반에, 전국 170여개 시군의 읍면당 1개 마을 이상씩, 논매기소리가 파악되기까지 녹음을 해 두는 일을 시작하여 1989년 8월로서 단락을 지었습니다. 한가지 궁금증이 생겼는데, 받음구가 없이 교대로 대귀되는 가사를 불러나가는 경상도 모정자소리가 만약 일본에 전해져 있다면, 통일신라시대엔 모정자소리가 불리웠다고 할 수 있을까? 였습니다. 이 한가지 의문점을 풀기위해 1991년부터 3년간 세차례의 방문과 세편의 논문으로 결론을 내림이 가능했던 것은 일본은 1930년대에 NHK가 전국의 민요학자들을 동원하여 조사했던 내용이 저가 방문했을 당시 CD를 첨부한 책이 다시 복간되어 나온 것을 입수하였기 때문이었습니다.

일본은 한반도로부터 무얼 전해받았다고 하는 소리를 하지않으려할 터이니까 그후 저의 걸음은 중국으로 향했고 중국 28개 성중 북쪽 황하 이북의 밀농사지대인 4개성을 제외한 지역의 방문조사를 하였고 그 이후 베트남 , 미얀마 등 동남아 지역 방문 녹음을 계속하였습니다. 아프리카며 미국 , 이태리(이태리에서 활동중인 50회 이양실조각가와 함께 롬바르디 농가 취재)에 이르기까지 벼농사지대를 방문하여 대담하고 민요녹음을 하였습니다.

의미있는 명예로운 상을 받게되어 기쁩니다.

〈농요는 그 지역의 개성있는 얼굴이고 구전으로 내려오는 민중사입니다〉

농요 중에서도 논매기소리의 역사는 오래고, 그 창출지역은 고대사의 부족국가시대와도 연결이 됩니다.

한 논매기소리가 창출이 되려면, 우수한 선소리꾼과 한 마을의 두레조직이며, 이들 논매기꾼들을 동원할 부와 세력이 필요하지요.

세력의 크고 작음에 따라 전파력도 넓거나 좁습니다.

이 자경인 상을 계기로, 농요에 대하여 고고학이나 고대사와 같은 인접 한국학계의 관심있기를 기대합니다.

또한, 요즈음은 시군마다 개성있는 관광상품을 창출해내려 애쓰는데요. 그

지역의 농요는 세계 어디에 내어놓아도 그 시군이 있는 지역임을 가리킵니다. 행정당국은 그 시군의 개성있는 얼굴인 농요보존과 활용에 대책 있으시기를 촉구합니다.

이 상을 받도록 안을 내고 수고를 아끼지않은 우리 50회 친구들과 기쁨을 함께 하고 싶습니다.

고맙습니다.

독자의 시

오선영-「병실에서」

유혜련-「집으로 가는 길」「희망」

윤석기-「아주 가끔은」「말할까」

임상수-「밤」

오선영

충남 금산 출생

피아니스트

병실에서

세월에 보란 듯
92번째 생신을 거뜬히 맞이하신
생각수록 우러를수록 귀하신 아버지
가족독방에 올리신 회고록이라는 시와 그림이
참게 한 마리와 하얀 연꽃은
질곡의 삶, 노장의 향기런가
알뜰살뜰한 형제 자매같이
아버지 슬하에 도란히 모이지도 못하는
불효녀 웁니다.

유혜련

서울 출생
전 〈굳매거진〉 편집국장
현 인터뷰 전문잡지 〈레이디타임즈〉 대표

집으로 가는 길

결국
용서하게 될거야
미리 용서하자

언젠가
헤어지게 될거야
많이 사랑하자

그렇게
돌아가게 될거야
백합꽃 만발한 나의 집으로

희망

오늘은
맑음

흰구름이
앞서고 뒷서고

어제는
흐림

먹구름이
앞서고 뒷서고

이후
계속해서
맑음…

윤석기

충남 연기 출생
전 코레일 근무
현 대건 엔지니어링 이사
저서 시집 〈아주 가끔은 〉

아주 가끔은

아주 가끔은
너이고 싶다
너처럼 생각하고
너처럼 행동하고
너처럼 웃고 싶다

아주 가끔은
하나이고 싶다
네가 나이고
내가 너인
오직 하나

아주 가끔은
날개이고 싶다
세월없이 날아
오직 하나로 안길 수 있도록

말할까

꿈같은 날
꿈같은 하루

보고 싶다 말할까
사랑한다 말할까

미치도록
보고 싶다 말할까

임상수

인카금융서비스(주) 대전본부장

밤

임상수

어둠이 내려온다

하늘에서 산을 타고 조용히
나의 곁으로 닥아온다

내려온 어둠은 살포시
나의 살갗 세포 속으로 스며든다

고요가 밀려온다

소름끼치도록 웅장하고
장엄한 너의 목소리는

나의 가슴속 깊이 메아리 친다

보여도 보이지않고 들려도 들리지않는
너의 모습

2022 합평회

217회-2022년 1월 12일(수) 자택
218회-2022년 2월 9일(수) 자택
219회-2022년 3월 9일(수) 자택
220회-2022년 4월 13일(수) 자택
221회-2022년 5월 11일(수) 창의문학관
222회-2022년 6월 8일(수) 어부네
223회-2022년 7월 13일(수) 어부네
224회-2022년 8월 10일(수) 어부네
225회-2022년 9월 14일(수) 어부네
226회-2022년 10월 12일(수) 청림골 차마실. 이향순 시인댁
227회-2022년 11월 9일(수) 어부네
228회-2022년 12월 14일(수) 장재울

◆ 217호 2022. 1. 12(수). 자택

금년에는 뭉크의 그림을 소개할까 합니다. 노르웨이의 화가 에드바르트 뭉크(Edvard Munch, 1863~1944)의 작품. 〈절규〉는 표현주의 화가 뭉크의 1893년 작품으로, 오슬로 뭉크미술관에 소장되어 있다. 뭉크의 작품들 중 가장 표현성이 강하며, 널리 알려진 작품이다. 뭉크는 이 작품이 자신의 대표작이라고는 생각하지 않았다고 한다. 고흐의 그림을 보면 아무리 그림에 문외한일지라도 고흐의 그림임을 알듯이 뭉크의 작품도 독특한 분위기를 감지할 수 있다.

∘ 시			
양태의	살코기	배인환	괴테의 파우스트 강의를 듣고
유수화	두견주 고백	민중기	새벽녘
이 성	시간의 셔터	황은경	사선에서
이향순	특별하면서, 아주 소중한 여행	서문 완	님아
정상순	묘비명	안병석	지심도에서
문정희	가을이 떠나간다	임형선	오분의 사(4/5)
∘ 시조			
이소라	수의	김동민	황국
∘ 수필			
박숙자	자장면, 그건 내게 쥐약	이정희	영혼과 육신

◆ 218호 2022. 2. 9(수). 자택

뭉크의 〈다리위의 소녀들〉

뭉크는 독일 표현주의 발전에 기여한 19~20세기 노르웨이 화가로, 주요 작품은 〈절규〉와 〈죽음의 방〉이다. 그가 어렸을 때 부모와 동생이 죽었기 때문에 평생을 죽음에 대한 공포와 불안에 사로잡혀야 했고, 이는 중요한 주제가 되었다. 심리적이고 감정적인 주제를 강렬하게 다룸으로써 보는 사람에게도 똑같은 감정을 자아내게 하는 그의 기법은 20세기 초 독일 표현주의 발전에 중요한 영향을 미쳤다. 반면에 〈다리위의 소녀들〉과 같은 밝은 그림도 있다. 이 그림들은 뭉크가 여름마다 머무르던 오슬로 남쪽의 휴양지 아스카트 트스트랜트에서 그린 작품이다. 한적한 여름 저녁, 3명의 소녀가 다리위에 나란히 서서 강물을 바라본다.그림속 풍경은 이른 저녁 같기도 하고 한밤중인 시각같기도 하다. 대기엔 아직 환한 빛이 가득한데 하늘 저편에선 이미 레몬 빛 달이 떠오른다. 커다란 나무와 집들이 푸른 강물에 비치는 장면이 꿈속처럼 신비스럽다. 다리위의 소녀들은 10여년간 화가가 해마다 그린 주제여서 어떤 해의 작품에선 소녀들이 다 큰 모습으로 나타나기도 하고 또 어느 해에는 소녀들을 바라보는 남자가 등장하기도 한다. 〈인터넷에서 발췌〉

ㅇ 시			
유수화	시인이 바다로 가는 이유	민중기	초가을
이 성	잡초	황은경	선택
이향순	특별하면서도 소중한 여행2	서문 완	먼 훗날
정상순	시월 연가	안병석	우리 편
문정희	뜻밖의 이별	임형선	아픈 손가락
배인환	퓨리처상 사진 전시회	양태의	어디 갔나요
ㅇ 시조			
김동민	고려 청자	이소라	패스
ㅇ 수필			
이정희	마음이 머무는 곳	박숙자	스무고개
안태승	오영수, 세계인의 깐부되다		

◆ 219호 2022. 3. 9(수). 자택

뭉크의 〈죽은 어머니〉

뭉크는 군의관 아버지와 예술적 소양을 갖춘 어머니 사이에서 태어났는데, 그의 삶에는 어린 시절부터 불운이 몰아쳤다. 그는 5살이라는 어린 나이에 사랑하는 어머니의 죽음을 지켜봐야만 했고, 몇 년 후에는 어머니를 대신해줬던 큰 누이마저 세상을 떠났다. 비슷한 시기에 어린 여동생은 정신병 진단을 받았고, 점점 종교에 집착하게 된 아버지는 아이들에게 순종을 강요하며 광신도처럼 변해갔다. 게다가 뭉크는 어릴 적부터 몸이 허약해 학교에 가지 못하는 날이 많았다. 그가 찾은 유일한 탈출구는 그림이었다. 그리고 자신의 감정을 캔버스에 담아내며 어두운 현실을 잊고 견뎌내는 것이었다. 뭉크의 연애사는 그의 그림들에서 느껴지는 분위기만큼 우중충했으며, 뭉크는 평생 독신으로 살았다. 그래서인지 그의 그림은 전반적으로 우울하거나 신경증적인, 불안의 느낌이 나는 우중충한 작품이 많다.

∘ 시			
이 성	멍	황은경	인연의 물가
이향순	특별하면서 소중한 여행 3	서문 완	그 이름은
정상순	낮달 61(하현)	안병석	아무것도 하기 싫은 날
문정희	인내심	임형선	이 시대의 전쟁
배인환	퓨리처상 사진 전시회 2	양태의	무인도
민중기	주님 뜻대로	유수화	봉인 해제
∘ 시조			
이소라	전승자	김동민	금강
∘ 수필			
안태승	임인년 새해맞이	이정희	大田의 본명은 太田이다
박숙자	돌아오지 않는 것들		

◆ 220호 2022. 4. 13(수). 자택

뭉크의 〈태양〉

뭉크의 그림은 4월호에서 마감하겠습니다. 그림이 너무 어둡고 잔인합니다. 시대정신을 반영하는 명화라고 하지만 뭉크의 그림을 보다 보면 온몸에 소름이 돋습니다.
이번 호에는 뭉크의 밝은 그림을 싣습니다. 〈태양〉입니다. 그의 그림에도 밝은 그림이 있습니다. 뭉크는 노르웨이 국민화가입니다. 따라서 이 그림은 노르웨이 지폐에 실린 그림입니다. 화폐에 그림이 실린다는 것은 최고의 예우입니다.
이 그림에 대한 에피소드가 있습니다. 뭉크는 생전에 많은 그림을 팔았고 특이한 점은 절규하면 〈절규〉 한 점만 있는 것이 아니고 같은 제목의 그림을 여러 점 그려 팔아서 고흐처럼 가난하게 산 것 같지는 않습니다.
그는 정신질환을 견디지 못해 스스로 정신병원에 들어가 그곳에서 그보다 10살 위인 고흐의 그림을 봅니다. 고흐는 그 당시 무명화가였습니다. 뭉크는 자신보다 더한 고난에서 실낱같은 희망을 계속 좇으며 아주 작은 기쁨이라도 눈 부신 빛으로 그려냈던 고흐의 그림에 탄복합니다. 그 후 뭉크의 그림에 변화가 오고 그때 그린 대표작이 이 태양이라고 합니다.

∘ 시			
이향순	특별하면서 소중한 여행 4	서문 완	봄맞이
정상순	4월이 오네	안병석	목련
문정희	갇혀버린 시간	임형선	귀요미
배인환	퓨리처상 사진 전시회 2	양태의	목련
민중기	나의 삶	유수화	춘설
황은경	창가에서	이 성	박산 진달래
∘ 시조			
김동민	우렁이	이소라	어떤 얼굴
∘ 수필			
박숙자	밥이 입에 넘어가니	안태승	봄의 계족산과 남간정사
이정희	무제(1)		

◆ 221호 2022. 5. 11(수). 창의문학관

밤의 카페 테라스

〈두 번째의 작품은 푸른 밤공기 속에 가스등 불빛에 비쳐진 카페의 바깥을 그린 것으로 파아란 별하늘이 내다보이고 있습니다. 밤의 광장의 정경과 그 효과를 그리는 일, 혹은 밤 자체를 그리는 일에 흠뻑 나는 일에 열중하고 있습니다〉 태양을 쫓아서 북쪽에서 남으로 남으로 내려왔고 또, 우연히도 자기를 닮은 해바라기에 열중했던 고흐가 가을에 접어들면서 갑자기 밤의 정경에 열중하게 되는 것은 인상파적인 흥미에서 로트렉이나 드가가 밤의 광선에 열을 올리던 것과는 다른 의미를 지닌 것이다. 타는 듯이 마음의 낮을 향했던 그의 눈은 마침내 마음 속의 보다 어두운 부분, 정신의 그늘진 부분을 향하게 되었다고 보아야 할 것이다. 푸른 밤하늘과 가스등의 이상한 노란색의 대조는 그의 마음속에 일고 있던 갈등을 그대로 표현한 것이리라. 반 고호 정문규 해설

회장단 선출 : 유임
회계 감사보고(박숙자 감사)

◦ 시			
정상순	눈 맑은 날의 풍경	안병석	게발선인장꽃
문정희	종이배에 띄운 사연	임형선	독재자
배인환	바다가 보이는 여관방	양태의	낙화여사
민중기	봄이 오는 골목	유수화	옛이야기 들어보렴
황은경	뫼별	이성	진실의 단면
서문 완	봄나들이	이향순	특별하면서 소중한 여행
◦ 시조			
이소라	행운목	김동민	계족산 비래계곡
◦ 수필			
이정희	4월에	박숙자	불청객
안태승	한글과 우리 문화		

◆ 222호 2022. 6. 8(수). 어부네

고흐 작 〈로오노 강의 별 달밤nutt etoilee sur le rhone〉

두 사람의 연인을 전경에 두고 국화꽃이 활짝 피듯, 푸른 하늘에는 반짝거리는 별들이 가득하며, 강물에 비친 불빛의 그림자가 길게 리듬을 그리는 이 한폭의 아름다운 야상곡은,섬세한 가락으로 놀랄만큼 정서에 넘쳐있다. 고흐의 리리시즘, 거의 항상 그 강도와 밝기 때문에 리리시즘으로의 외관을 잃어버리게 된다. 그러나 자연과의 공감을 바탕으로 그리려고 하는 그는 바로 본질적인 시인이라 할수 있을 것이다. 그는 아를르에 도착하자마자 밤의 아름다움을 몇 번이나 그리려고 마음 먹었던 사실이 동생 테오에게 보낸 편지에 쓰여져있다. 그러나 그가 겨우 밤의 테마에 착수한 것은 9월이 되고서였다. 전설에 의하면 이 지방의 별이 가장 아름다운 달이 9월이었고, 고흐는 촛불을 그의 모자위에 세우고 밤 경치를 그렸다고 한다.

∘ 시			
문정희	정원	임형선	거시기
배인환	인제 자작나무 숲	양태의	또, ㅇ
민중기	세월의 굴렁쇠	유수화	때때로
황은경	양파의 눈물	이성	제비꽃
서문 완	꽃무릇	이향순	특별하면서 소중한 여행
안병석	시인	정상순	낮달 63
∘ 시조			
김동민	오월	이소라	금수폭포
∘ 수필			
안태승	코로나 위기, 인생 대전환의 기회로	이정희	그곳에 가고 싶다
박숙자	희망의 끈		

◆ 223호 2022. 7. 13(수). 어부네

고흐 까마귀가 있는 보리밭champs de ble aux corbeaux

「또 돌아와서 작업에 들어간다. 그러나 손에서 붓이 떨어지려고 한다. 나는 내가 바라고 있는 것을 알고 있지만, 그러나 다시 3점의 대작을 완성한다.그것은 폭풍의 하늘에 휘감긴 보리밭의 전경을 그린 것으로 나는 충분한 슬름과 극도의 고독을 표현할 수 있었던 것 같다.」테오에게의 편지에 이렇게 적고 있다.오베르의 종말기에 그는 옆으로 길게 된, 그에게 있어 새로운 규격의 그림을 시도했다. 지평선에의 넓은 전망에 대한 그의 잠재 의식이 예견한 종말의 의식과 함께, 대지가 폭풍 속에서 바다처럼 사납게 일렁이는 거기에 까마귀가 활개치며 나르는 불안한 화면을 통하여 그는 영혼의 고독과 슬픔을 절규하고 있다.「앞날의 예감도 어둡다. 나는 미래를 행복한 빛 속에서 보는 것은 전혀 되지 않는다.」절망감은 그를 못견디게 하고 있었다.

∘ 시			
배인환	가리왕산 막국수	양태의	입마개왕국에서
민중기	오늘날의 풍속도	유수화	살 값
황은경	아나키스트	이성	생성 그리고 환상
서문 완	화창한 그날	이향순	잘했다고 할 줄 알고
안병석	시간 II	정상순	과도
임형선	교과서	문정희	진한 그리움
이정희	GP의 하루		
∘ 시조			
이소라	길 1	김동민	딱따구리
∘ 수필			
박숙자	과유불급	안태승	금산 월령산 출렁다리를 건너다

◆ 224호 2022. 8. 10(수). 어부네

반 고흐의 〈술을 마시는 사람들〉시카고 아트 인스티튜트

한낮에 넓게 펼쳐진 들판을 배경으로, 네 명의 사람들이 술을 들이키고 있다. 뒤로 보이는 시내에서는 공장이 연기를 내뿜으며 돌아가고 있고, 기타 시내의 건물들이 나지막하게 보인다. 녹색 테이블 위에는 술병이 놓여져 있고, 할배 2 키작은 할매1 키큰 할매 1.

이들 앞의 테이블에 세워져 있는 병 하나. 바로 압생트이다. 사실 반고흐의 '술마시는 사람들'은, 그가 좋아하고 존경했던 동시대 화가인 오노레 도미에 (Honore Daumier)의 판화 카피본이다. 오노레 도미에는 당시 상당히 사회 비판적인 화가로, 브루주아와 일반 노동자들 사이의 계급적 모순과 빈곤한 사람들의 애처로운 모습들을 판화로 그려내곤 했다.

오노레 도미에의 판화를 바탕으로, 빈센트 반 고흐의 '술마시는 사람들'을 다시 생각해보자. 까끌한 느낌의 피부 하며, 쳐진 눈 하며, 지팡이를 짚은것 하며, 이상하게 작은 키 하며, 이들은 건강해보이지 않는다.`

전체적으로 짙고 어두운 초록색 색감을 가지고 있어, 네거티브한 느낌이 베이스로 깔리게 된다. 이는 그저 당시의 풍경이나 일상을 그린 것이 아니다. 오노레 도미에처럼 당시 사회의 소외되고 배고픈 사람들을 그리며,

이들이 압생트라는 독한 술에 의존해가는 모습을 압생트의 색으로 다시 해석한 것으로 보인다. 술에 찌들어 황반현상을 겪는 빈센트 반 고흐가, 술에 취한체 소외된 자들을 바라보는 시각이 작품에 잘 표현된 듯 하다.

◦ 시			
민중기	매미의 노래	유수화	석탄주
황은경	풀처럼	이성	달을 본다
서문 완	금낭초	이향순	너를 잊지 않으려고
안병석	상흔	정상순	낮달 64
임형선	하얀 고무신-2	문정희	칠월은 가는데
양태의	가악 깍	배인환	칡꽃
◦ 시조			
김동민	뻐꾸기	이소라	길 2
◦ 수필			
이정희	디엠지 공포	박숙자	짝사랑 변
안태승	비 온 뒤 정기봉에 오르다		

◆ 224호 2022. 9. 14(수). 어부네

〈고흐의 夕陽의 버드나무〉

그림에 대한 글 아래

∘ 시			
황은경	어느 날의 다짐	이향순	기도가 삶이 되어
서문 완	숲길에서	정상순	낮달 65
안병석	이종 다람쥐	문정희	빛이 있기를
임형선	이불금고	배인환	나는 이렇게
양태의	입맞춤	민중기	기다림
유수화	황새치자리의 봄		
∘ 시조			
이소라	묵은 편지	김동민	골목의 끄트머리
∘ 수필			
안태승	한국의 두 청년 영재 이야기	이정희	어느 여름날 석양빛을 보고
박숙자	1,000원		

이 나무가 무슨 나무로 보이십니까? 내 눈에는 버드나무 같지 않네요. 버드나무는 하늘로 향해 뻗어 오르는데 이 나무들은 과수원의 나무처럼 잘려서 볼품 사나워 보입니다.

〈해설〉

마침내 잎을 떨어뜨리고 발가벗은 버드나무 저쪽에 석양夕陽이 장대한 최후의 빛을 쏘이며 저물어 간다. 거기에는 1888년 10월 비극悲劇의 직전에 있는 예술가의 마음의 낙일落日의 상태가 그대로 표현되어 있는 듯하다. 네덜란드의 시대에도 간혹 그는 나무들 사이 저쪽에 해가 떨어지는 광경을 그렸다. 고흐 자신 후일의 편지에서 아를르의 수양버들 뒤쪽의 낙일은 네덜란드를 회상시킨다고 말하고 있다. 도개교跳開橋에서나 이 작품에서나 아를르 시대의 모티브에 간혹 네덜란드 시대의 모티브를 새로운 모습으로 재발견하게 되는 것은 매우 흥미 있는 일이다.

– 鄭文圭

결실이 많았던 아를르 시절

아를르의 시기는 끝이 났었다. 그의 인생에 있어서 가장 독창적인 시기는 아니었다고 할지라도, 가장 결실이 풍부했던 시기였다. 정신병원에 머무르고 있었던 기간 동안 그는 다시 150점에 달하는 작품과 수많은 스케치를 그렸다. 그는 미친 사람으로서 제작을 하면서 세 차례의 긴 위기 때문에 중단이 된 일도 있었으며, 이윽고 고통스런 의기소침이 뒤따랐다. 그는 〈노란 보리밭과 측백나무〉 〈별. 달밤〉 〈생 레미의 정신병원 뜰〉 등을 그렸다. 그는 또한 〈의사 가체트의 초상〉을 포함한 몇 점의 초상화를 그렸고, 광란 상태의 풍경, 파도치는 산, 선회하는 태양, 열기로 이지러진 듯한 측백나무와 올리브 나무 등을 그렸다. 그의 색채는 전술한 시기의 잘 울려 퍼지는 색조를 더 이상 가지고 있지 않았다. 그의 황색은 남빛으로 변해 버린듯했다. 청색은 어두워지고, 주홍빛은 갈색이 감돌았다.그 보상으로 리듬은 더욱 격렬해졌다. 선회하는 아라베스크 무늬, 분ㅇ ㅕ을 일으킨 형태, 선가 색채의 필사적인 반항속에서 수평선을 향해서 도망치는 조망 등이 나타났다. 그 무렵 화폭위에 그가 나타냈던 것은, 상상의 현기증을 통해서 바라본 것처럼 보였다.–이하 생략

◆ 226호 2022. 10. 12(수). 청림골차마실

고흐의 아를르의 跳開橋: 영도다리처럼 배가 다닐 수 있게 들어 올리는 다리

고흐가 아를르에서 발견한 것 중에서 가장 그의 집념을 불러일으킨 모티브 중 하나는 이 도개교이다. 아를르에서 부크에 이르는 운하에 놓여있는 이 다리는 네덜란드에서 흔히 볼수 있는 이런 다리에 대한 향수를 그의 마음 속에 불러일으킨 것이다. 네덜란드에 비하면 밝은 광선에 맑고 푸른 하늘과 물에 둘러싸인 굵고 가는 선의 결구로 이루어진 단순한 모양의 다리의 조형은 그의 표현의도에 알맞게 들어맞았던 곳이다. 鄭文圭 해설

1888년 3월 캔버스 油彩 54 * 65cm 오델로 크륄리 뮐러 미술관 소장

∘ 초대 시			
최영호	눈물 어려 못 가오		
∘ 초대 수필			
권예자	수필이 나를 쓴다		
∘ 시			
서문 완	나	정상순	추억으로 가는 길
안병석	가을이 오면	문정희	가을 하늘
임형선	푸른 바다	배인환	아무도 말이 없었다
양태의	돌아온 시집	민중기	아내의 천국
유수화	성묘	황은경	어느 날의 다짐
이향순	정말 가시나요		
∘ 시조			
김동민	귀뚜리	이소라	서비스
∘ 수필			
박숙자	가려움증이 도지다	안태승	드라마 '오징어게임' 에미상 새역사를 쓰다
이정희	상생과 융복합의 시대의 문학		

◆ 227호 2022. 11. 9(수). 어부네

고흐 작 활짝 핀 복숭아꽃

병의 발작과 불안의 생활 속에서도 꽃피는 계절은 다시 찾아왔다. 아를르에 도착했을 때, 눈이 녹고 과수원에 복숭아꽃이 만발하여 고흐에게 환희와 기쁨을 주던 대지는 변함없이 꽃을 피우고, 화사한 햇빛이 어루만진다. 그러나 그에게는 작품의 모티브를 구하러 외출하는 것도 제한되어있었다. 그런 생활속에서도 그는 몇 점의 작품을 남기고 있다. 넓고 아름다운 전망의 시원한 화면은 병든 사람의 그늘은 느낄 수가 없다. 전경에 비스듬이 지나간 울타리와 그 아래 무성하게 자라나는 풀잎을 배치한 구도는 극히 안정되어 있다. 오히려 잔붓으로 가볍게 찍어나간 터치의 리듬은 봄노래를 불러주듯 화면에 튼튼한 안정감을 구축한다. 비극 이후의 체념이 그의 마음속을 오히려 평화스럽게 가라 앉히는 것인지; 봄이 그를 평화롭게 치료한 것인지 아름다운 정서가 훈훈하다.

◦ 시			
안병석	차를 마시면	문정희	흔들리는 나무
임형선	삘랫줄	배인환	낙타의 눈물
양태의	……	민중기	뭉게구름
유수화	환생	황은경	당신의 얼굴은 종이
이향순	욕심	서문 완	가을 산에서
정상순	매밀 잠자리		
◦ 시조			
이소라	맹꽁이	김동민	가을 나들이
◦ 수필			
이정희	석장루에 올라	박숙자	수락계곡에서 부르는 가을 노래
안태승	이육사 문학관을 찾아서		

2022년 매달 실시한 합평회 사진

5월 창의문학관

6월 어부네

7월 어부네

8월 어부네

9월 어부네

10월 청림골 차마실

10월 수락 이향순 시인댁

11월 어부네

전원에서 18집

아무것도 하기 싫은 날

펴낸 날　2022. 12. 14

지은이　문학동인 《전원에서》 대표 배인환

펴낸 곳　도서출판 (주)애드파워

등록번호 2007년 9월 18일

주소 : 대전 유성구 대학로 227

전화 : 1899-9856

E-mail : addpower1@hanmail.net

ISBN 978-89-88852-97-2(03800)

값 15,000원